Hermann Lübke
Friederichstr.2
70825 Korntal-Münchingen
Tel.: 0711-83630208
E-Mail: hluebke.germany@t-online.de

Gesprengte Ketten

Bibelzitate sind, wenn nicht anders vermerkt, der Elberfelder Bibel, Edition CSV Hückeswagen 2003, entnommen.

1. Auflage 2010
2. Auflage 2024

© 2010 by CLV · Christliche Literatur-Verbreitung e. V.
Ravensberger Bleiche 6 · 33649 Bielefeld
www.clv.de

Umschlag: Lucian Binder, Marienheide
Satz: CLV
Druck und Bindung: ARKA, Cieszyn, Polen

Artikel-Nr. 256132
ISBN 978-3-86699-132-3

Inhalt

Vorwort der kurdischen Autoren
zur kurdischen Originalfassung — 7

Vorwort zur deutschen Fassung — 9

Von Mohammed zu Jesus Christus — 11

Macht Bibellesen blind oder sehend? — 17

Aus Angst wurde Glück — 27

Versteht Gott nur Arabisch? — 37

Im Gefängnis zur Freiheit — 49

Ein Paradies inmitten der Hölle — 55

Jesus – der Schlüssel zur Erkenntnis
– die Antwort auf meine Fragen — 59

Die schönste Botschaft als Tür zur Hoffnung — 61

Nur eine Frau? — 65

Von der Liebe gesucht und gefunden — 67

Er zog mich aus dem Meer der Verzweiflung — 73

Wohin führt mein Glaube? — 77

Heute lebe ich wirklich — 79

Jesus hat meine Last getragen — 85

Auf der Suche nach Gottes Wort — 91

Die Bibel veränderte mein Leben	95
Verloren, um zu gewinnen	99
Überwältigende Erkenntnis – Vater und Sohn sind eins	103
Vom Verlierer zum Gewinner	105
Wer zeigt mir den richtigen Weg?	111
Ein kaltes Herz wird brennend	115
Das Siedlungsgebiet der Kurden	119

Vorwort der kurdischen Autoren zur kurdischen Originalfassung

Mit großer Freude dürfen wir hiermit die Lebensberichte einiger unserer kurdischen Glaubensgeschwister vorstellen und hoffen, dass ihre Aussagen für viele zum Segen werden.

Freiheit betrifft nicht nur die äußeren Umstände, sondern – was viel wichtiger ist – auch den geistlichen Bereich.

Obwohl ein großer Teil unseres kurdischen Volkes mit Stolz auf seine kulturellen Wurzeln und Traditionen blickt, erkennen wir aber leider bei näherer Betrachtung, dass wir in geistlicher Hinsicht vielmehr ein elendes und unterdrücktes Volk sind.

Dies ist als Erbe unserer Vorfahren verblieben, nachdem die Araber, von der arabischen Halbinsel ausgehend, unter der Fahne des Islams auch die meisten Länder des Mittleren Ostens eroberten.

Auch wir Kurden waren unter jenen Völkern, die den Sturm des Islams über sich ergehen lassen mussten. Wir sind dann auch Gefangene des Islams geblieben, einer Religion, in der keine Freiheit zu erkennen ist.

In den 90er-Jahren öffnete Gott eine Tür, um unser Volk aus dieser Gefangenschaft zu befreien.

Aber es sind immer noch wenige, die diese Tür durchschritten haben und sich nun über ihre Rettung freuen. Dieses Buch lässt solche zu Wort kommen, die in diesem Sinne befreit wurden.

Wie unter allen Völkern der Welt gibt es auch unter den Kurden Tausende, die ihre alte Religion verlassen und Jesus angenommen haben. Sie haben erfasst, was Jesus im Evangelium bezeugte:

»*Ich* bin der Weg und die Wahrheit und das Leben« (Johannes 14,6), sowie:
»*Ich* bin das Licht der Welt; wer mir nachfolgt, wird *nicht* in der Finsternis wandeln, sondern wird das Licht des Lebens haben« (Johannes 8,12).

Gott selbst hat der Menschheit diese Tür und diesen Weg zugänglich gemacht, damit sie aus der Sklaverei der Sünde befreit werden kann.

Wir möchten allen unseren kurdischen Geschwistern danken, die uns ohne Furcht ihre Glaubenszeugnisse anvertraut haben, um damit den Namen unseres Herrn Jesus Christus zu verherrlichen.

Wir wünschen, dass dieses Buch zu einem Wegweiser für alle wird, die nach der Wahrheit suchen, den Gläubigen darüber hinaus zu Freude und Trost.

Vorwort zur deutschen Fassung

»*Wir Kurden haben keine Freunde außer den Bergen*«, lautet ein altes kurdisches Sprichwort. Unzählige Male hat sich diese bittere Erfahrung in der langen Geschichte dieses tapferen Bergvolkes scheinbar bewahrheitet, wenn es um ihren Überlebenskampf und ihr Ringen um Freiheit ging. Bedrängt von ihren Feinden waren die Berge stets ein Ort letzter Hilfe, ihr bester Zufluchtsort. – Doch echte Freiheit konnten auch die kurdischen Berge nicht bewirken.

»*Ich erhebe meine Augen zu den Bergen: Woher wird meine Hilfe kommen?*«, schrieb bereits vor etwa 3000 Jahren der Verfasser des Psalms 121 und gab uns gleich seine eigene Antwort darauf: »*Meine Hilfe kommt von dem Herrn, der Himmel und Erde gemacht hat.*«

Es ist die Hilfe, die »von oben« kommt und außerhalb menschlicher Möglichkeiten liegt. Sie allein kann die eisernen Ketten jeder Knechtschaft sprengen und in die wahre Freiheit führen.

Die hier wiedergegebenen Lebensberichte von Kurden vermitteln anschaulich einen Eindruck von jener göttlichen Kraft, die sie aus unterschiedlichsten Ängsten, Bindungen und Zwängen herausführte. Sie alle verstanden Gottes Retterliebe, seinen Ruf sowie die angebotene Vergebung und wurden von ihm zu neuen Menschen verändert.

Eindrücklich, bewegend und ungefärbt beschreiben die Autoren ihre Empfindungen, aber auch Kämpfe bei der gedanklichen Auseinandersetzung mit den Aussagen des Evangeliums und vor allem mit der Person Jesu. Ihr ehrliches Verlangen – ja, ihre tiefste Sehnsucht nach Wahrheit und wirklicher Freiheit blieb nicht unbeantwortet.

Ergreifend sind bisweilen die traurigen Lebensumstände, die den einzelnen Kurden in ihrem Umfeld oder auf ihrer Flucht nicht erspart blieben. Doch man staunt über die verändernde Kraft Gottes wie auch über den echten Wunsch der Autoren, ihren gefundenen neuen Weg anderen weiterzuempfehlen.

Ausschließlich sie selbst haben den Stoff zu diesem Buch geliefert. Die Originalfassung dieses Buches erschien in Kurdisch-Sorani. Aus Gründen der persönlichen Sicherheit bleiben die Namen der Personen bewusst ungenannt.

»… keine Freunde außer den Bergen?« Die tiefe Sehnsucht der Kurden nach einem Retter ist verständlich. Sie ist historisch begründet und findet sich im Liedgut – ja, selbst bei der Namensgebung ihrer Kinder – wieder.

Bei allen hier zu Wort kommenden Kurden wurde diese Sehnsucht gestillt, nachdem sie in Jesus Christus ihren wahren Retter und Freund fanden, der von sich sagte: »*Größere Liebe hat niemand als die, dass einer sein Leben lässt für seine Freunde*« (Johannes 15,13).

Von Mohammed zu Jesus Christus

Es war der Wunsch meiner Eltern, dass ich als ihr zweitältester Sohn Mullah[1] werden sollte. Zusätzlich zu meiner Schule besuchte ich eine Koranschule, die mir täglich 2 bis 3 Stunden Unterricht im Koran und in der arabischen Sprache gab. Mit 13 Jahren kam ich in eine islamische Religionsschule, und mit 20 bestand ich die Prüfung. Zur großen Freude meiner Eltern und Verwandten wurde ich der erste Mullah in meinem Dorf.

Doch die Freude dauerte nicht lange. Ich hatte große Zweifel an der Glaubwürdigkeit des Korans. Angefangen haben diese Zweifel schon vor einigen Jahren, als ein amerikanischer Freund mir sagte, dass es nicht wahr sein könne, dass Arabisch die heilige Sprache sei, die allein im Paradies gesprochen werde. Das leuchtete mir ein. Ich sprach Kurdisch, Türkisch und Arabisch. Sollte Gott dagegen nur eine Sprache sprechen und verstehen? Mein Freund sagte auch, dass es eine Fälschung sei, wenn im Islam behauptet werde, Abraham hätte Ismael und nicht Isaak opfern sollen. Die Bibel würde etwas anderes lehren. Mein Vertrauen zum Koran wurde dadurch geschwächt.

Bei jedem Dienst als Mullah fühlte ich mich wie ein Heuchler. Ich war von dem, was ich verkündigte,

---
[1] islamischer Geistlicher

nicht überzeugt. Nach etwa 10 Wochen hielt ich es nicht mehr länger aus. Ich erklärte der versammelten Menge: »Liebe Brüder, ich fühle mich vor euch wie ein Lügner. Was ich euch predige, glaube ich selbst nicht. Ich kann nicht mehr euer Mullah sein.« Die Anwesenden waren entsetzt. Sie wurden zornig, begannen mich zu schlagen und spuckten mich an. Einige liefen zu meinen Eltern und Geschwistern und sagten ihnen, dass sie diese Schande, die ich auf meine Familie gebracht hätte, nur auslöschen könnten, wenn sie mich töten würden. Nach dem religiösen Gesetz des Islams hatten die Verwandten den Auftrag und die Befugnis, mich zu töten. Meine Eltern weinten. Endlich hatte es ihr Sohn zu etwas gebracht, und nun diese Schande!

Allein floh ich nach Deutschland. Ich verdiente gut und konnte auch meine Eltern unterstützen. Neben der Arbeit studierte ich die Werke von Karl Marx und Friedrich Engels. Ich wurde ein überzeugter Sozialist. Unter den vielen Kurden, die ich in Deutschland kennenlernte, hatte ich einen guten Freund. Als er geheiratet hatte, geriet er in finanzielle Not. Ich lieh ihm Geld. Als ich ihm kein Geld mehr geben konnte, half ich ihm bei einem Raubüberfall. Die Polizei erwischte uns, und ich kam für vier Jahre ins Gefängnis.

Im Gefängnis lernte ich zum ersten Mal einen überzeugten Christen kennen. Er leitete dort eine wöchentliche Bibelstunde. Nach einer Bibelstunde sagte ich zu ihm: »Du erzählst uns viel über Jesus

Christus. Aber es gibt auch noch andere Themen. Was denkst du über den Frieden in dieser Welt?« Er antwortete: »Ich gehöre auch zu einer Friedensgruppe. Mein Friede ist Jesus Christus. Wer an ihn glaubt, hat Frieden, und wer nicht an ihn glaubt, hat keinen Frieden.« Diese einfache Antwort traf mein Gewissen. Als ich nichts darauf sagte, fragte er mich: »Warum sagen Sie nichts mehr?« Ich antwortete: »Das hat mir gereicht, ich habe keine Fragen mehr.«

Eine Stunde später besuchte mich der Christ in meiner Zelle. Er schenkte mir eine türkische Bibel und einige Briefmarken. Bevor er wegging, fragte er mich, ob er noch für mich beten dürfte. Ich hatte nichts dagegen. Ich erwartete, dass er – wie ich es früher als Muslim gewohnt war – ein Gebet herunterleiern würde. Er kniete auf dem Boden nieder und sprach mit Gott wie mit einem Freund: »Herr Jesus Christus, hilf diesem jungen Mann, dich zu finden, und hilf ihm bei seinen Problemen. Amen.« Ich fragte ihn: »Wann werden wir uns wiedersehen?« Er meinte: »Ich weiß es nicht, aber wenn Sie Jesus Christus als Ihren Herrn und Erlöser annehmen, dann werden wir uns ganz bestimmt im Himmel wiedersehen.«

Abends las ich oft in der Bibel. Mir wurde bewusst, dass ich mich für Jesus Christus entscheiden sollte. Doch ich tröstete mich mit dem Gedanken: »Du hast das nicht nötig. Du bist kein Sünder. Du hast zwar einen Raubüberfall begangen, aber dafür sitzt du jetzt im Gefängnis, und damit ist alles ausgeglichen.« Auch quälten mich Gedanken, die nur ein Muslim nachempfinden kann: »Wie ist es möglich, dass Gott einen Sohn hat?« Diese Behauptung ist für einen Muslim eine Gotteslästerung. Jesus Christus als Sohn Gottes wird von den Muslimen schroff abgelehnt, weil sie darunter verstehen, dass Gott Maria zur Frau hatte, um Jesus zu zeugen. Wer Gott einen Partner zur Seite stellt, begeht nach islamischem Glauben die schwerste Sünde, die niemals vergeben werden kann.

Doch die Unruhe in mir wurde immer größer. Was würde geschehen, wenn ich jetzt vor Gott stehen müsste? Etwa sechs Monate lang quälten mich diese Gedanken. An einem Abend las ich in der Bibel die Worte Jesu in Johannes 14,6: »*Ich bin der Weg und die Wahrheit und das Leben. Niemand kommt zum Vater als nur durch mich.*« In meiner Not rief ich laut: »Jesus, ich will zu dir kommen, warum kann ich nicht?« Ich lag weinend und zitternd auf meinen Knien und betete: »Herr Jesus Christus, du bist auf die Erde gekommen, um auch für mich am Kreuz zu sterben. Bitte, vergib mir alle meine Sünden und komm in mein Leben! Ich will dir nachfolgen und nach deinem Willen leben.« Ich stand als ein neuer Mensch auf. Meine Hoffnungslosigkeit wich, und eine nie da gewesene Freude erfüllte mich. Alle Rachegedanken verschwanden, und ich fühlte mich nicht mehr einsam. Ich wusste: Jesus Christus ist bei mir.

Nach meiner Entlassung sagte ein Beamter zu mir: »Wir werden Sie genau wie die anderen in die Türkei abschieben!« Doch die Entlassung kam für die Behörden so unerwartet schnell, dass sie mich nicht gleich ausweisen konnten. Ich wohnte in einem fensterlosen, staubigen Keller. Täglich quälten mich die Gedanken: »Heute wirst du abgeschoben!« Einige meiner früheren Freunde, die man wieder in die Türkei ausgewiesen hatte, lebten nicht mehr. Die Bewilligung zum Bleiben wurde immer nur für drei Monate verlängert. Die Traurigkeit und Einsamkeit wurden sehr groß. Ich betete oft: »Herr Jesus, lass mich sterben und zu dir kommen!« Das Bewusstsein, dass Gott einmal jede Träne abwischen und es dann kein Leid und kein Geschrei mehr geben wird, tröstete mich.

Christen aus Dortmund luden mich ein, bei ihrem Büchertisch auf der Straße mitzuhelfen. Ich hatte Angst, mich öffentlich als Christ zu bekennen. Nach einem Gebet las ich in der Bibel Jesaja 41,10: »Fürchte dich nicht, denn ich bin mit dir; schau nicht ängstlich umher, denn ich bin dein Gott; ich stärke dich, ja, ich helfe dir, ja, ich stütze dich mit der Rechten meiner Gerechtigkeit.«

Diese Zusage Gottes gab mir Mut, und ich ging mit den Christen auf die Straße. Wie befürchtet wurde ich von drei Türken angesprochen. Einer von ihnen war ein Mullah. Sie bedrohten mich und sagten: »Wir werden es nicht zulassen, dass du christliche Propaganda unter unseren Landsleuten verbreitest!« Gott half mir, freundlich zu bleiben. Ich sagte dem Mullah: »Wissen Sie, was Sie soeben getan haben? In Gottes Augen sind Sie ein Mörder! Sie bedrohen mich mit dem Tod, weil in Ihnen ein böser Geist ist. Ich mache hier keine Propaganda und werde auch nicht dafür bezahlt. Ich bezeuge nur, was Jesus Christus an mir getan hat. Mein Herz ist nicht mehr mit Rachegedanken, sondern mit dem Geist Gottes und seiner Liebe erfüllt.« Ich bot ihm eine Schrift an. Er zerriss sie vor meinen Augen. Er weigerte sich auch, eine Bibel anzunehmen. Ich fragte ihn: »Kann Mohammed Ihnen ewiges Leben geben? Jesus Christus hat mir ewiges Leben geschenkt!« Wütend verließ er mich, nachdem er mich vergeblich aufgefordert hatte, ihm in die Moschee zu folgen.

Ich bin überglücklich, dass ich Jesus Christus gefunden habe. Jesus hat mir ein neues Leben mit einer wunderbaren Zukunft geschenkt.

Macht Bibellesen blind oder sehend?

Mein Leben als Muslim

Ich entstamme einer religiösen Familie und hatte viel über den Koran, die Worte Mohammeds und den islamischen Glauben gelernt. Trotzdem konnte ich nicht alle Forderungen des Islams erfüllen. Gelegentlich habe ich gebetet und gefastet, um meine Eltern und die Menschen meiner Umgebung zufriedenzustellen.

Ich war Faqih[2] bei einem großen Mullah, aber nur deshalb, weil ich glaubte, auf diese Weise leicht meinen Lebensunterhalt bestreiten und mich gut darstellen zu können. Außerdem war ich einfach zu faul, etwas anderes zu machen. Aber irgendwie hatte ich immer ein ungutes Gefühl. Ich fühlte mich sündig, ärgerte mich über mich selbst und hatte Angst vor Gott. Später war ich jedoch erleichtert, als ich entdeckte, dass der große Mullah, obwohl er stadtbekannt war, von den Leuten auch Geld nahm. Er wollte seinen Kindern und seiner Familie dadurch zu Reichtum verhelfen. Er versicherte mir, dass das, was er tat, von Gott gesegnet würde.

Weil ich ihm vertrauenswürdig erschien, übergab er mir oft das Geld in einem Sack, damit ich es seiner

---

[2] islamischer Rechtsgelehrter

Familie bringe. Ich muss zugeben, dass ich mir häufig etwas von dem Geld nahm, denn ich wusste, dass der Mullah das Geld nicht gezählt hatte. Nach dem Tod des Mullahs endete auch meine Tätigkeit dort.

Wie alle anderen Muslime war auch ich davon überzeugt, dass es außer dem islamischen Glauben keinen anderen Glauben gäbe, der Gott im Blick auf ein Leben nach dem Tod wohlgefällig sei, und dass Mohammed der letzte Prophet gewesen sei, den Gott gesandt hatte.

Alle Bücher, die über den islamischen Glauben hinausgingen, waren nicht nur verboten; wir wagten nicht einmal, sie zu lesen, geschweige denn, sie überhaupt anzufassen. Es wurde uns beigebracht, dass wir sonst erblinden würden.

Mir war es nicht so wichtig, ob ich sündigte (wenn ich z. B. gelogen, gestohlen oder andere schlimme Dinge getan hatte). Ich sagte mir dann nämlich immer: »Wenn du erst einmal 50 oder 60 Jahre alt bist, wirst du Buße tun. Dann machst du eine Pilgerfahrt nach Mekka, und Gott wird dir vergeben.«

Ich war auch ein sehr gieriger Mensch; ich verdiente viel Geld, aber ich wurde nie satt. Ich besaß ein gutes Haus, ein schönes Auto, aber mein Herz verlangte immer nach mehr. Wenn ich nicht zu Hause war, wäre ich bereit gewesen, meine Frau zu betrügen, hätte ich dazu die Gelegenheit gehabt. Solch ein Leben führte ich mindestens 20 Jahre lang.

Dann brach der Krieg aus; ich verlor meine Arbeit und konnte kein Geld mehr verdienen. Deswegen beschaffte ich mir Geld auf illegalem Weg und verlieh es gegen Zinsen. Doch am Ende hatte ich überhaupt kein Geld mehr und obendrein noch viele Schulden. Mein Leben war ruiniert. Ich entschloss mich, zum Arbeiten nach Europa zu gehen, um meine Schulden zurückzahlen zu können. Dort begann ich jedoch wieder, mein Geld auf illegale Weise zu verdienen, bis ich die Hälfte meiner Schulden zurückzahlen konnte. In dieser Zeit dachte ich an alles andere, nur nicht an Gott.

Eines Tages wurde ich festgenommen und zu einer hohen Gefängnisstrafe verurteilt, weil illegale Arbeit in Europa als ein schweres Delikt gilt und die Gesetze diesbezüglich strenger sind als in meinem Heimatland. In dieser Zeit blieb mir nichts anderes übrig, als wieder nach Gott zu fragen und den islamischen Regeln zu gehorchen.

Drei Jahre lang habe ich intensiv gebetet und gefastet – sogar mehr, als von einem Muslim verlangt wird. Aber mit jedem Tag wurde ich hoffnungsloser und trauriger. Es gab nichts, was mich trösten konnte. Deswegen wollte ich mich umbringen, um von dem Gefängnis in diesem fremden Land und den Sorgen um meine Familie erlöst zu werden. Wann immer ich traurig war, versuchte ich, einige Suren oder Verse aus dem Koran zu lesen, aber beim Lesen kreisten meine Gedanken nur um meine Probleme. Ich wurde auch eifersüchtig auf meine

Frau und grübelte, was sie wohl ohne mich machen würde. Ob sie vielleicht zu einem anderen Mann gehen würde? Ich zog in Erwägung, mich scheiden zu lassen. Ebenso wollte ich mich an den Menschen rächen, die mich wegen der illegalen Arbeit verraten hatten.

Vor lauter Grübeln konnte ich nachts nicht schlafen und hatte auch tagsüber keine Ruhe. Ich wurde total verwirrt. Man brachte mich in eine andere Gefängniszelle. Dort lernte ich einen Mann kennen, der sehr glücklich, fröhlich und hilfsbereit war. Er stellte mir Fragen, woher ich käme, für wie viel Jahre ich verurteilt sei etc.

Über mehrere Monate hinweg kam dieser Mann zu mir, um mich zu beruhigen. Er lud mich auch ein, ihn in seiner Zelle zu besuchen, aber ich lehnte ab. Einige andere Kurden in diesem Gefängnis redeten nicht gut über diesen Mann. Sie sagten, er sei Christ, und behaupteten, er sei vom Geheimdienst, und tausend andere Dinge mehr.

Ich war einige Zeit mit diesen Freunden zusammen, aber aufgrund materieller Dinge, die wir im Gefängnis brauchten, gerieten wir in Streit und trafen uns schließlich nicht mehr. Aus Wut über meine Freunde besuchte ich dann doch öfters diesen Mann, über den sie schlecht gesprochen hatten.

Er brachte mir Respekt entgegen, kochte Essen für mich, schenkte mir Zigaretten und tröstete mich. In seiner Zelle besaß er viele Lebensmittel und Bücher. Er fragte mich, ob er mir aus der Bibel vorlesen dürfe. Ich schämte mich, Nein zu sagen und erklärte mich einverstanden. Allerdings flehte ich in meinem Herzen zu Gott, er möge mir vergeben, weil ich diesem Ungläubigen zuhörte und er aus einem Buch lesen würde, von dem die Muslime behaupten, dass es gefährlich sei.

Von dieser Zeit an wandte ich mich nur noch an ihn, wenn ich etwas brauchte. Er begegnete mir immer freundlich, gab mir das, worum ich bat, und sagte, dass er für mich bete. Ich fragte mich: Warum spricht dieser Mann immer von Gott? Er ist doch kein Muslim! Außerdem hat er mir immer etwas Gutes getan, ohne dass ich je etwas für ihn getan habe. Manchmal dachte ich, ob ich auch etwas Gutes für ihn tun solle, obwohl er eigentlich an mich als Muslim Dschizya[3] bezahlen müsste, die Mohammed seinerzeit von den Ungläubigen erhob.

Nach einiger Zeit begann ich, im Gefängnis zu arbeiten. Aus diesem Grund brauchte ich nichts mehr von diesem Mann. Als Orientale und Kurde sagte ich mir jedoch: Er hat mir viel Gutes getan; ich darf nicht undankbar sein. Ich will ihn trotzdem ab und zu besuchen, aber es nicht mehr zulassen, dass er mir wieder aus diesem Buch vorliest. Ich werde versuchen, ihn zum islamischen Glauben zu brin-

---

[3] islamische Kopfsteuer, die von nicht-muslimischen Untertanen zu entrichten ist

gen, damit Gott sich meiner erbarmt. Wenn nämlich ein Muslim einen Ungläubigen zum Islam bringt, bekommt er eine große Belohnung von Gott.

Der Mann merkte, dass ich nichts mehr aus dem Buch hören wollte. Deshalb begegnete er mir anders, indem er über weltliche Dinge mit mir redete. Eines Tages nahm er eines seiner Bücher zur Hand; es war der Koran. Er schlug die Sure Al-Imran auf und sagte: »Weißt du, dass der Koran sagt, Jesus habe die Toten auferweckt?« Darauf erwiderte ich: »Das stimmt.« Er sagte, dass nur Gott die Toten auferwecken könne und Gott niemanden neben sich habe. Es gebe nur einen Gott, und Jesus sei Gott selbst. In diesem Moment merkte ich, wie unwissend ich doch war, denn ich konnte diesem Ungläubigen nichts darauf antworten.

Als ich in meine Zelle zurückging, dachte ich sehr viel nach: Du hast so viele Jahre den Islam und die Scharia[4] studiert und trotzdem keine richtige Antwort auf diese Frage. Deswegen beschloss ich, alle christlichen Bücher zu lesen, die ich bekommen konnte, damit meine Augen blind würden und ich dadurch aus dem Gefängnis freikäme. Das würde zumindest besser sein, als das Leben weiterzuführen, wie es war – weit entfernt von meiner Familie, meiner Frau.

---

[4] islamisches Recht / Gesetz, basierend auf Koran und Überlieferungen Mohammeds

Am nächsten Tag ging ich zu diesem Mann und fragte ihn, ob er ein christliches Buch in kurdischer Sprache habe: Er sagte: »Wenn Gott will, kann ich eins für dich besorgen.« Fragen über Fragen gingen mir durch den Kopf. Dieser Mann hatte gesagt: »Wenn Gott will …«

Dieser Mann hatte eine dreimal so lange Strafe abzusitzen, als ich sie bekommen hatte. Trotzdem war er immer glücklich, freundlich und hilfsbereit. Er half Menschen, die neu ins Gefängnis kamen. Er arbeitete immer und verdiente dadurch sein Geld.

Mein Leben als Christ

Dieser Mann also, von dem ich früher immer gesagt habe, dass er ungläubig sei, besorgte mir das Buch von Dr. Said[5]. Nachdem ich es gelesen hatte, geschah eine große Veränderung in meinem Leben. Die Persönlichkeit und die Kindheit von Dr. Said waren vergleichbar mit meinem Leben. Eines Nachts bat ich Gott sehr, sich über mich zu erbarmen, damit ich die Wahrheit finde. In dieser Nacht sah ich im Traum einen Mann, der kurdische Kleidung trug. Er sprach mit mir durch mein Fenster und sagte: »Ich bin Christus, der wahre Gott. Suche nicht mehr weiter.«

---

5 (gemeint ist): Biografie eines berühmten kurdischen Mullahs und Augenarztes

Am nächsten Tag versuchte ich, eine kurdische Bibel zu bekommen. Durch den gläubigen Mann und andere Glaubensgeschwister erhielt ich das Neue Testament und weitere christliche Bücher.

Es ist nicht einfach, gläubig zu werden. Man kann das nicht durch eigene Leistung oder Kraft erreichen. Glaube bedeutet, Gott als dem Schöpfer zu begegnen. Und nur er allein kann dies schenken und die Zeit dafür bestimmen. Der Mensch kann es niemals selbst erreichen, nur Gott kann es schenken. Das ist nur möglich, weil er uns liebt. Dies ist die höchste Liebe, die Liebe Gottes zum Menschen. Der Herr hat uns zuerst geliebt – bevor wir ihn geliebt haben. Wir konnten nichts dazu beitragen.

Jesus anzunehmen, bedeutet, ganz zu bejahen, dass er mich so annimmt, wie ich bin.

Früher hatte ich so viele Wünsche, dass ich sie mir selbst dann nicht hätte erfüllen können, wenn ich tausend Jahre leben könnte. Aber durch den Glauben an Jesus wurden alle meine Sehnsüchte in einem Augenblick erfüllt durch die folgende Tatsache: »Gott selbst ist der Retter.«

Seit dem Tag, an dem Gott mir seine Liebe zeigte, habe ich niemals mehr gespürt, dass ich im Gefängnis bin. Das bedeutet nicht, dass mein Körper frei ist. Nein, ich bin noch im Gefängnis, aber mein Geist ist frei. Warum? Weil ich meine Sünden vor dem Herrn bekannt habe. Er hat mir vergeben, und ich schlafe jetzt nachts wie ein Kind bis zum Morgen. Die Gedanken, die mir früher meinen Schlaf raubten, habe ich losgelassen. Jetzt frage ich nicht: »Was werde ich morgen oder übermorgen machen?« Der Herr hat mich aus der Hölle gerettet, wie könnte er mich nicht auch aus dem Gefängnis retten? Der Herr hat mir ewiges Leben gegeben, warum sollte ich mich um die wenigen Jahre sorgen, die ich auf der Welt lebe?

Ich denke nicht mehr an Rache, sondern ich liebe meine Feinde und bete für sie, damit auch sie den wahren Gott finden und so wie ich für ewig glücklich werden können. Durch den Glauben kann ich auch meine Frau jetzt viel mehr lieben als früher. Sie ist treu und wartet auf mich, bis ich aus dem Gefängnis entlassen werde.

Ich bitte jeden, der dieses Zeugnis liest, damit anzufangen, die Heilige Schrift zu lesen, ohne zu befürchten, dadurch blind zu werden. Denn ich lese seit einigen Jahren die Bibel und »sehe« sogar besser als früher.

Lob und Ehre sei unserem einzigen Herrn, Jesus Christus!

Aus Angst wurde Glück

Angst, Angst und noch einmal Angst – lange Zeit bestimmte dieses Gefühl mein Leben.

Ich wurde als Jüngste von drei Kindern im Nordirak geboren. Wir sind Kurden sunnitischen Glaubens. An meinen Vater habe ich viele gute Erinnerungen: Er war liebevoll und fürsorglich. Leider starb er, als ich erst neun Jahre alt war. Nach seinem Tod wurde meine Mutter sehr streng zu uns Kindern; heute verstehe ich das, denn schließlich trug sie fortan für uns allein die Verantwortung.

Meine Eltern nahmen den islamischen Glauben immer sehr ernst. Zu Hause wie auch in der Schule lernte ich, dass der Islam die einzig wahre Religion ist. Daran zweifelte ich nicht. Was ich allerdings nur schwer begreifen konnte, waren Fragen wie: Weshalb wurden Menschen anderer Religionen oft so abfällig behandelt? Warum durfte ich z. B. nicht essen, was ein Christ zubereitet hatte? Wieso gaben manche einem Jesiden[6] nie die Hand zur Begrüßung? Weshalb sollten diese Leute Menschen zweiter Klasse sein? Warum sollte man ihnen nicht mit gleicher Achtung begegnen? Das gefiel mir nicht.

Ich persönlich glaubte zwar, dass Gott bei mir ist, doch ich hatte immer Angst vor ihm. Ich war mit

---

6   kurdische Angehörige einer vor-islamischen Religion

der Ansicht aufgewachsen, dass Gott alles bestraft, was ich falsch mache. Vor dieser Strafe fürchtete ich mich – deshalb meine ständige Angst.

Mit 17 Jahren begann ich nach meinem Abitur eine Ausbildung im Finanzwesen. Ich wollte mein Diplom machen und später bei einer Bank arbeiten. In dieser Zeit lebte ich zusammen mit einigen Mädchen in einer anderen Stadt. Wir waren »anständig«, wollten uns nichts zuschulden kommen lassen. Ich fastete im Ramadan, betete allerdings nicht, wie es meine Eltern immer getan hatten. Deshalb hatte ich oft ein schlechtes Gewissen. Aber ich wollte auf keinen Fall nur den Schein wahren. Ich hatte immer eine große Abneigung gegen Heuchelei.

Wenn gewisse Frauen zu mir sagten, ich solle das Kopftuch tragen und einfach behaupten, dass ich die regelmäßigen Gebete einhalten würde, sagte ich: »Nein! Ich will nicht heucheln, nur um bei anderen angesehen zu sein. Das würde vor Gott ja nicht zählen. Was bringt ein nach außen perfekt dargestellter Glaube, wenn dahinter Lüge steckt?«

Die Heuchelei, die ich bei vielen entdeckte, machte mich nämlich skeptisch gegenüber strengen religiösen Forderungen.

Eine meiner Freundinnen, eine Jesidin, war die erste nicht-muslimische Person, die ich kennenlernte. Bis dahin hatte ich nur Schlechtes über Andersgläubige gehört. Diese Bekanntschaft machte mich jedoch nachdenklich. Warum sollte dieses Mädchen in die Hölle kommen, nur weil sie keine Muslimin ist? Das wollte ich nicht akzeptieren. Diese Freundin hat mir finanziell in schwierigen Zeiten, aber auch persönlich durch ihre liebevolle Art sehr geholfen. Sie war mir überaus wertvoll.

Bedroht, verfolgt und doch nicht verlassen

Weil mein Bruder aufgrund seiner politischen Einstellung von der Regierung gesucht wurde, musste unsere Familie den Irak verlassen. Ich musste meine Ausbildung abbrechen, um mit meinem Bruder in Syrien leben zu können. Dort arbeitete ich als Verkäuferin in einem kleinen Laden und lernte zugleich auch Arabisch.

Nachdem meine Schwester verheiratet war, lebte ich eine Weile bei ihr und ihrem Mann – wieder in unserer alten Heimat. Ich wollte meine angefangene Ausbildung beenden und mein Diplom machen, doch an diese Zeit bleiben schlimme Erinnerungen. Mein Schwager demütigte seine Frau auf grauenhafte Weise. Meine Schwester litt schwer unter ihm. Irgendwann konnte ich das nicht mehr mit ansehen.

Dazu kam, dass er auch mich bedrohte. Aus Angst vor diesem Kerl lief ich schließlich davon. Doch als junge, unverheiratete Frau konnte ich nirgends lange bleiben.

Freunde rieten mir, nach Europa zu fliehen. Aber was sollte ich dort in der Fremde? Da ich aber nirgends vor meinem Schwager sicher war, blieb mir nichts anderes übrig, als das Land wieder zu verlassen.

Mein bisher einschneidendstes Erlebnis war »die Reise« nach Europa. Ein paar Sätze können die anstrengenden und angsterfüllten Wochen dieser Flucht nicht wiedergeben.

Da waren die quälende Ungewissheit, das schutzlose Ausgeliefertsein an fremde Menschen, meine Panik vor Vergewaltigung und die Angst, von der Polizei aufgegriffen und wieder zurückgeschickt zu werden.

Einige Wochen verbrachte ich mit anderen Flüchtlingen im Gefängnis und erfuhr dort ihre schrecklichen Lebensgeschichten.

Die langen Fußmärsche bei Tag und Nacht, in Hitze und Kälte sowie durch unbekannte Grenzgebiete verzehrten meine letzten Kraftreserven. Ich wollte aufgeben, einfach nur sterben. Mein Körper hat all diese Strapazen nur wie durch ein Wunder überlebt.

Während der ganzen Zeit ahnte ich, dass Gott da ist. Irgendwie hatte ich das Gefühl, dass er noch etwas mit mir vorhat.

Nach fünf Monaten kam ich in Deutschland an. Aber auch hier war die Angst mein ständiger Begleiter. Ich fühlte mich unverstanden und allein in einem fremden Land, konfrontiert mit einer fremden Sprache und Kultur.

Die ersten Monate verbrachte ich in verschiedenen Asylantenheimen und bei entfernten Verwandten. In meinem kleinen Zimmer im Asylantenheim weinte ich tagelang. Nicht nur die Anstrengungen der letzten Monate, sondern auch meine Einsamkeit stürzten mich in tiefe Verzweiflung und Hoffnungslosigkeit. Für wen lebte ich eigentlich? Meine Familie wusste nicht einmal, wo ich war. Wer war überhaupt noch an mir interessiert? Schließlich versuchte ich, mir das Leben zu nehmen, indem ich mir die Pulsader aufschnitt. Ich überlebte. Wollte Gott, dass ich lebe? Aber wozu?

Eines Nachts hatte ich einen Traum. Ich sah Jesus mit einer Krone. Warum war ich mir so sicher, dass es Jesus war? Ich weiß es nicht! Ich suchte einen Imam auf und erzählte ihm von dem Traum. Er sagte: »Das ist ein gutes Zeichen. Es besagt, dass du ins Paradies kommen wirst, weil du den Propheten gesehen hast.« Diese Traumdeutung machte mich froh. Ein Prophet hatte sich mir also gezeigt. Dies war meine erste Begegnung mit Jesus. Doch nach einer Weile fiel ich wieder in meine alten Depressionen zurück. Ich hatte keine Vorstellung davon, was Jesus mit meinem Alltag zu tun haben könnte.

Fast perfektes Glück

Ich hatte genug Männer beobachtet, um den Entschluss zu fassen: Ich werde niemals heiraten! Die meisten von ihnen waren hart, selbstsüchtig und gewalttätig. Ich hatte mit mir selbst genug zu tun. Was ich wollte, war einfach nur meine Ruhe. Doch es kam anders, als ich es mir vorgestellt hatte.

Ich bin so glücklich, dass Gott mich trotzdem mit einem überaus lieben Mann beschenkt hat. Er ist Araber und kommt auch aus dem Irak. Ich lernte ihn ebenfalls im Asylantenheim kennen. Bald heirateten wir. Die vielen Gespräche mit ihm und seine Liebe halfen mir, die Vergangenheit hinter mir zu lassen und das Leben neu zu genießen.

Mit meinem Mann konnte ich über alles sprechen. Ich fühlte mich verstanden und geliebt. Ich weiß, dass dies ein ganz besonderes Geschenk ist.

Als wir auch noch zwei gesunde Kinder bekamen, schien unser Glück perfekt. Was wollten wir mehr? Doch wir beide merkten, dass es in unseren Herzen ein gewisses Vakuum gab. Irgendetwas fehlte. Wir konnten aber nicht beschreiben, was wir suchten.

Wir hatten arabische Freunde, die an Jesus glaubten. Ich mochte sie sehr, einfach deshalb, weil sie so glückliche, ehrliche Menschen waren. Nach ihrem Glauben fragte ich sie jedoch nie. Ich wollte unsere Freundschaft nicht aufs Spiel setzen.

Einmal fragte ich meinen Mann: »Weißt du eigentlich etwas über ihren Glauben?« »Sie glauben, dass Jesus Gott ist«, war seine Antwort. Das brachte mich völlig aus der Fassung. Es war das erste Mal, dass ich so etwas hörte. Ich brach das Gespräch sofort ab. Nie wieder wollte ich auch nur etwas Ähnliches hören. Wie konnten diese netten Menschen so eine unglaubliche Meinung vertreten?

In der folgenden Zeit las ich ein paar Bücher über den christlichen Glauben, aber mit dem Herzen war ich nicht wirklich dabei, genauer gesagt: Diese Dinge ließen mich kalt. Allerdings hatte ich zu der Zeit auch Fragen in Bezug auf den Propheten Mohammed, nachdem ich mich ausführlicher mit seinem Leben beschäftigt hatte. Ich konnte nicht verstehen, warum ihm in manchen Dingen Sondererlaubnisse eingeräumt worden waren. Ohne mit jemandem darüber zu sprechen, ließ ich in meinen Gebeten fortan jeden Zusatz weg, der den Propheten betraf. Ob das schlechte Folgen haben würde? Ich konnte einfach nicht gegen meine Vorbehalte angehen.

Wer bist du, Gott?

Eines Nachts sah ich mich im Traum in einer Runde zusammen mit anderen Menschen sitzen. Ein älterer Mann stand auf, wies mich auf jemanden hin, sah mich an und meinte: »Das ist Gott.« Dann deutete er auf mich und stellte mich vor. Daraufhin reichte ich Gott die Hand. Meine Empörung über diesen komischen Traum war groß! Gott ist kein Mensch, dem ich die Hand geben kann! Das passte nicht in mein Bild. Gott würde sich niemals so weit herablassen! Ich versuchte, den Traum schnell wieder zu vergessen.

Als unser ältester Sohn in den Kindergarten kam, nahm unsere innere Unruhe wieder zu. Das hing mit seinen vielen Fragen zusammen: »Wer ist Gott? Wie ist er? Was will er von uns? Was ist die Wahrheit?«

Ich begann nun einfach, Gott selbst zu fragen, so merkwürdig das klingen mag. Ganz anders, als ich bisher gebetet hatte, redete ich ihn jetzt mit allen Namen an, die ich je aus anderen Sprachen und Religionen gehört hatte. Ich *musste* eine Antwort haben!

»Wer bist du, Gott?«, war mein neues Gebet. Auf der anderen Seite hatte ich Angst vor der Antwort. Würde ich meine Vorstellung von ihm korrigieren müssen?

Bei einem Treffen von Arabern, die an Jesus glauben, hatte ich ein Erlebnis, das ich nicht anders erklären kann, als dass Gott selbst sich mir gezeigt hat. In einem Gespräch mit einem von ihnen brachte ich meine ganzen Zweifel und Fragen zum Ausdruck; besonders mein Unverständnis darüber, dass Jesus Gott sein sollte!

In der nächsten Stunde aber begann Jesus selbst, mich zu überzeugen. Es waren nicht die Menschen, nicht die Gespräche, sondern er selbst. Im Herzen wusste ich mit einem Mal:

Jesus ist Gott! Meine Fragen waren beantwortet; ich erkannte deutlich: Er ist Mensch geworden, um uns die Hand zu reichen, um uns nahe zu kommen und uns von unserer Schuld und Sünde zu befreien. Dieses einzigartige Erlebnis hat mich völlig umgekrempelt.

Bis dahin hatte mir niemand gesagt, dass Gott mich liebt. Jetzt wusste ich es. Und diese Gewissheit kann mir niemand mehr nehmen. Jetzt weiß ich, dass Gott mein Vater ist. Ich habe keine Angst mehr vor Gott.

Seit jenem Tag lese ich die Bibel. Dadurch ist mir vieles klar geworden. Zur gleichen Zeit hat auch mein Mann sein Vertrauen auf Jesus gesetzt.

Herrlicher Friede

Wir waren auch vorher eine glückliche Familie. Aber jetzt haben wir einen Frieden gefunden, den wir vorher nicht kannten. Es geht nicht darum, dass Jesus alle Probleme einfach wegnimmt, aber er hilft und stärkt uns jeden Tag.

Manche Umstände machen uns traurig, z. B. die Tatsache, dass die Schwester meines Mannes jetzt jeden Kontakt mit uns meidet. Trotzdem möchte ich mit niemandem tauschen!

Heute weiß ich, dass Gott seine gute Hand über unser Leben gehalten hat. Er hat mich auf der Flucht bewahrt. Er hat mir einen lieben Mann geschenkt.

Und das Größte: Ich durfte den Herrn Jesus kennenlernen.

Eine große Überraschung war es für mich, dass ich kurz nach der Zeit, da ich Jesus in mein Leben aufgenommen hatte, eine Aufenthaltsgenehmigung in Deutschland erhielt. Das ist ein großes Wunder. Denn kurz zuvor hatte ich Gott gesagt: »Wenn du willst, dass wir zurück in den Irak gehen, dann bin ich bereit, selbst wenn das viele Schwierigkeiten für uns bedeuten würde.«

Das Leiden meiner Schwester im Irak hat leider noch immer kein Ende. Aber sie hat inzwischen auch die Ruhe in Jesus gefunden. Darüber bin ich unendlich froh! Wir wissen uns in seiner guten Hand.

Versteht Gott nur Arabisch?

Ich bin in einer muslimischen Familie aufgewachsen. Meine Mutter war Kurdin und Sunnitin, mein Vater Perser und Schiit. Bereits als Kind habe ich mich für religiöse Dinge interessiert. Ich versuchte, gottesfürchtig und gut zu sein.

Meine Mutter legte nicht so viel Wert auf den Glauben, aber sie half stets den Armen. Bei meinem Vater war es umgekehrt. Er half den Menschen nicht, aber er las oft im Koran und in Büchern über den Islam. Jedes Jahr im Ramadan[7] las er den ganzen Koran. Bei uns zu Hause mussten wir Persisch sprechen, bis wir sieben Jahre alt waren. Danach versuchte meine Mutter, uns Kurdisch beizubringen. Ich mochte die kurdische Sprache sehr.

Wenn meine Oma zu Besuch kam, sprach ich immer Kurdisch mir ihr. Als sie ihre rituellen Waschungen vor dem Gebet vollzog, sah ich, dass es Unterschiede gab zwischen dem, wie sie es tat, und dem, wie mein Vater es machte. Der Grund lag darin, dass sie eine Sunnitin war. Einmal fragte ich meine Oma: »Wenn du betest, weißt du dann, was du sagst?« Sie antwortete: »Ja, mein Kind, ich habe doch die Koranschule abgeschlossen.« Aber als sie die Worte aus dem Koran für mich übersetzte, merkte ich, dass sie die Bedeutung nicht verstanden hatte. Des-

---

7 islamischer Fastenmonat

wegen sagte ich zu ihr: »Was du sagst, ist falsch.« Lächelnd antwortete sie mir: »Ach, mein Gott wird mir vergeben. Alles, was ich möchte, ist: Gott wohlgefällig zu sein, dass er mir vergibt und ich ins Paradies komme.«

Damals war ich noch ein Kind. Wenn jemand in den schiitischen Städten im Iran sagte, dass er Kurde und Sunnit sei, glich das einer Lästerung. Auch in der Schule behandelte man die sunnitischen Kurden nicht gut. Deswegen bin ich Schiitin geworden, wie mein Vater es war. Ich versuchte, viele religiöse Regeln wie Beten, Fasten und Pilgern zu erfüllen.

Als ich 12 Jahre alt war, ging mein Vater in den Ruhestand. Danach zogen wir in den kurdischen Teil des Iran, weil meine Mutter Kurdin war. Meine Mutter war sehr müde, denn seit meine Eltern geheiratet hatten, waren sie fast jedes Jahr in eine andere Stadt gezogen, und sie wollte endlich wieder einmal in ihre Heimat zurück. Dort machten wir alle unsere Pläne. Ich wollte Rechtsanwältin werden, aber Gottes Plan war anders.

In dieser Zeit begannen die islamische Revolution im Iran und die sich anschließenden kriegerischen Auseinandersetzungen zwischen der neuen Regierung und den Kurden. Deshalb flohen wir nach Teheran, denn in den kurdischen Gebieten gab es viele Unruhen. In Teheran wurden wir als Kriegsflüchtlinge aufgenommen. Wir wurden in einem Gebäude untergebracht und bekamen für uns alle ein großes Zimmer. Weil wir alle Sachen in unserer alten Heimat zurücklassen mussten, hatten wir fast nichts, um das Zimmer einzurichten. Ich konnte diese Situation aufgrund meines Stolzes und meines Standesbewusstseins nicht ertragen. Deshalb war ich ärgerlich auf Gott und sagte zu ihm: »Wir sind eine gottesfürchtige Familie. Wir sind Muslime. Warum müssen wir so etwas erleben? Weshalb willst du unser Leben ruinieren?«

In diesem Gebäude waren auch andere Familien. Der Wohnungsverwalter arbeitete für die Regierung. Nach kurzer Zeit verliebte sich sein 17-jähriger Bruder in mich. Er gehörte zur iranischen Revolutionsgarde. Ich war erst 14 Jahre alt und wollte nicht so früh heiraten. Da aber sein Bruder in der Regierung Einfluss hatte, wurde ich unter Waffengewalt gezwungen, mich mit diesem jungen Mann zu verloben. Ich war sechs Monate lang mit ihm verlobt, aber wir sahen uns nicht sehr oft, weil er in eine andere Stadt versetzt wurde.

Als er mich eines Tages besuchte, sagte ich zu ihm: »Ich mag dich nicht und will dich nicht heiraten, weil ich dich als einen Bruder ansehe.« Ich bat ihn aber, seinem Bruder zu erzählen, er selbst habe es abgelehnt, mich zu heiraten. Denn ich wollte nicht, dass die Leute schlecht über ihn reden. Ich hoffte, dass unsere Verlobung dadurch gelöst werden könnte. Aber mein Verlobter hörte nicht auf mich, sondern ging nach Hause und schoss sich eine Kugel in den Bauch. Ich danke meinem Gott, dass er nicht gestorben ist. Er wurde mehrmals operiert und verbrachte fast ein Jahr im Krankenhaus.

Am Tag, nachdem mein Verlobter sich in den Bauch geschossen hatte, kam morgens sein Bruder zu uns, riss uns alle mit lauter Stimme aus dem Schlaf und rief: »Mein Bruder hat das deinetwegen getan, dafür werde ich dich töten!« Es gab in diesem Gebäude keine Schlösser, und man konnte die Türen nicht verriegeln. Plötzlich sah ich jemanden, der seine Kalaschnikow auf meinen Kopf gerichtet hatte, um mich zu töten. Wir bekamen alle einen großen Schreck. Gott sei Dank war an diesem Tag mein Bruder mit seiner Familie bei uns und konnte dem Betreffenden die Waffe schnell entreißen. So konnte ich fliehen.

Danach verbrachte ich einige Zeit bei meinem Bruder, der in einem anderen Stadtteil lebte. Ich befand mich in einer schlimmen Situation. Ich war wütend auf Gott. Warum geschah das alles? Was für eine Strafe war das für mich? Bin ich ein böser Mensch? Habe ich so viele Sünden begangen, dass ich so bestraft werde? Ich hatte doch alle religiösen Rituale erfüllt, warum sollte ich in einem solchen Elend leben?

In dieser Zeit kam einer meiner Verwandten zu Besuch und verliebte sich in mich. Ich sah keinen anderen Ausweg, als diesen Verwandten zu heiraten, um mich vor den Familienangehörigen meines Verlobten in Sicherheit zu bringen. Denn sie hatten mir mit dem Tod gedroht, falls mein Verlobter seine Verletzung nicht überleben würde.

So zog ich mit meinem Verwandten in eine andere Stadt. Nach drei Monaten merkte ich jedoch, dass ich ihn nicht liebte und wir uns nicht verstanden. Er schlug mich und verbot mir, meine Familie zu besuchen.

Als ich in dieser Zeit merkte, dass ich schwanger war, täuschte ich vor, dass ich zur Kontrolle zum Frauenarzt gehen wollte, ging aber stattdessen zu meiner Mutter. Ihr erzählte ich alles, wie der Mann mich behandelte und dass ich gern bei ihr bleiben würde. Sie war sehr traurig über diese Situation und sagte: »Mein Kind, du bist so ein braves Mädchen. Warum muss dir das alles passieren?« Nach langem Streit und viel Ärger zog ich schließlich zu meinen Eltern zurück, bis ich 18 Jahre alt wurde. Denn erst dann konnte ich mich scheiden lassen.

Ich trennte mich von meinem Mann, als ich im zweiten Monat schwanger war; ich wurde jedoch erst geschieden, als meine Tochter ein Jahr und zwei Monate alt war. Meine Scheidung dauerte also knapp zwei Jahre, weil die iranische Regierung Frauen weniger Rechte gewährt. Und obwohl nach iranischem Recht die Kinder zu ihrem Vater gehören, konnte ich mit viel Mühe das Sorgerecht für meine Tochter bekommen.

Einige Jahre vergingen; ich war traurig und redete stets mit Gott. Um Mitternacht betete ich, weil nach schiitischem Glauben auch mitternachts gebetet wird. Ich war so enttäuscht und meines Lebens müde, dass ich dachte: »Wenn es einen Gott gibt, so ist er unbarmherzig, oder aber es gibt ihn überhaupt nicht.« Ich sagte zu meiner Mutter: »Ich möchte einen Schleier tragen, weil ich möchte, dass mich niemand sieht.« Meine Mutter sagte zu mir: »Mein Kind, du bist noch jung, du musst wieder heiraten.« Ich antwortete: »Ich will nicht mehr heiraten, ich will keinen Menschen mehr sehen.«

Einige Male fragte ich meinen Vater: »Warum müssen wir in Arabisch beten? Wieso müssen wir fünfmal am Tag beten? Weshalb dürfen wir nicht in unserer Muttersprache mit Gott reden? Versteht Gott nur Arabisch?« Mein Vater antwortete: »Versündige dich nicht. Du darfst solche Fragen nicht stellen. Du musst einfach die Rituale des islamischen Glaubens erfüllen und hast kein Recht, solche Fragen zu stellen.«

Als ich 21 Jahre alt war, ging ich eines Tages zu einem Goldschmied und brachte ihm einen Ring, den er kleiner machen sollte. Er sagte zu mir: »Kommen Sie nächste Woche, dann ist Ihr Ring fertig.« Er gab mir eine Quittung, damit ich später meinen Ring abholen konnte. Deshalb fragte er mich: »Wie heißen Sie?« Ich antwortete: »Ich heiße …«, worauf er mich freudig fragte: »Sind Sie auch Armenierin?« Er fragte mich das, weil er selbst Armenier war und ich keinen muslimischen Namen hatte. Daraufhin antwortete ich ihm wütend: »Nein, ich bin eine Muslimin.« Seine Frage hatte mich sehr gestört.

Zu Hause sagte ich zu mir selbst: »Du bist so ein schlechter Mensch. Die Leute sehen es deinem Gesicht an, dass du ungläubig bist!« In der Woche, als ich auf den Ring wartete, machte ich mir oft über die armenischen Christen Gedanken. Ich wusste kaum etwas von diesen Christen. Ich hatte nur gehört, dass sie für Ehrlichkeit und Treue bekannt seien.

Nach einer Woche ging ich zu dem Goldschmied. Meine erste Frage betraf jedoch nicht meinen Ring, sondern ich fragte ihn, was Christen seien. Er sagte mir: »In dieser Gegend gibt es eine Kirche, dort spricht man Persisch. Kommen Sie, ich bringe Sie dorthin.« Ich ging sofort mit ihm. Er stellte mich dem Pastor vor und ging wieder weg. Der Pastor lud mich für den nächsten Sonntag ein. Ich nahm die Einladung an, und als ich in die Kirche kam, empfand ich große Ehrfurcht. Ich fragte eine alte Dame: »Darf ich ohne Vorbereitungsrituale hier hereinkommen?« Sie antwortete: »Ja, natürlich.«

Dort habe ich zum ersten Mal gehört, dass Gott Liebe ist und er seinen Sohn für unsere Sünden geopfert hat. Ich hörte, dass Gott unsere Sünden wegnimmt und wir so seine Kinder werden, wenn wir Buße tun und an Jesus glauben.

Als ich nach Hause zurückkam, fühlte ich mich sehr erleichtert. Ich spürte großen Frieden in meinem Herzen. Ich fühlte mich so erleichtert wie niemals zuvor. Dann sagte ich mir: »Die Christen lügen nicht«, und nahm mir vor: »Ich will von jetzt an auch nicht mehr lügen.« Seit meiner Kindheit hatte ich gehört, dass Notlügen erlaubt seien.

Zu Hause überraschte ich meine Mutter mit der Frage: »Weißt du, wo ich heute war?« Sie antwortete: »Ja, bei deiner Schwester.« Daraufhin verriet ich ihr: »Nein, Mama. Ich war in der Kirche, und ich mag diese Religion, denn sie sagt so gute und schöne Dinge.«

Meine Mutter schlug die Hände über dem Kopf zusammen und sagte: »Mein Kind, was machst du? Denkst du nicht an uns? Weißt du nicht, was mit uns passiert, wenn die iranische Regierung das erfährt? Wenn der Vater deiner Tochter das erfährt, wird er sie dir wegnehmen.« Aber mein Herz war so eifrig meinem neuen Glauben zugetan, dass ich ihr entgegnete: »Ich habe einen Gott kennengelernt, der mich sehr liebt und zu mir sehr treu ist. Was er für gut hält, möge er in meinem Leben tun.«

Daraufhin wurde meine Mutter sehr zornig und sagte: »Du musst unser Haus verlassen, sonst werden wir deinetwegen alle umgebracht. Weißt du nicht, dass wir alle unter Kontrolle der islamischen Regierung stehen?« Aber als meine Mutter merkte, dass es mir mit diesem Glauben sehr ernst war, sagte sie schließlich: »Du darfst hier bei uns bleiben, aber du darfst anderen Leuten nichts von deinem Glauben erzählen.« Ich sagte ihr: »Wenn mich niemand danach fragt, werde ich es niemandem verraten; aber wenn sie mich fragen, werde ich ihnen die Wahrheit sagen.« Aus Rücksicht auf meine Angehörigen entschied ich mich dafür, meinen Glauben möglichst für mich zu behalten.

Ich hatte viele Bücher in der Kirche gekauft. Eines davon war die Bibel. Ich versteckte sie unter Zeitungen, damit keiner erfuhr, was ich las. Aber weil wir sieben Personen in einem kleinen Haus waren (meine Eltern, meine Geschwister und ich), war es für mich nicht so einfach, den Besitz der Bücher geheim zu halten. Jesus sagt in der Bibel: »Man zündet auch nicht ein Licht an und setzt es unter einen Scheffel, sondern auf einen Leuchter; so leuchtet es allen, die im Hause sind« (Matthäus 5,15; Luther 1984).

Nach einiger Zeit merkten mein Bruder und meine Schwestern, dass ich viel lese, und rätselten, warum ich meine Bücher mit der Zeitung verdeckte. Sie fragten mich, was ich lese. Weil ich sie nicht belügen wollte, sagte ich ihnen die Wahrheit. Dadurch merkten sie, dass ich Christin geworden war.

Ein Jahr lang ging ich in die Kirche und stellte dem Pastor viele Fragen. Kurz nach mir kam eine meiner leiblichen Schwestern zum Glauben, und wir ließen uns bald darauf taufen.

Als eine meiner anderen leiblichen Schwestern davon erfuhr, dass ich Christin geworden war, verhielt sie sich sehr schlecht mir gegenüber, obwohl wir früher ein sehr gutes Verhältnis zueinander hatten. Wenn ich kochte, sagte sie jetzt immer: »Das Essen ist unrein, denn eine ungläubige Frau hat es gekocht.« Wenn ich irgendetwas anfasste, sagte sie: »Es ist unrein geworden.« Immer fing sie Streit mit mir an. In diesen Momenten war ich so erfüllt von der Kraft und Liebe Christi, dass ich ihre schlechten Taten mit guten vergelten konnte.

Im Laufe der Zeit übernahm ich die Jugendarbeit in der Kirche und beggenete einem Mädchen, dessen Vater bei der Internationalen Bibelgesellschaft arbeitete. Mir wurde eine Stelle in diesem Büro angeboten, und ich blieb dreieinhalb Jahre dort. Während dieser Zeit habe ich das ganze Alte Testament in den Computer eingegeben, und wir haben es gemeinsam geprüft. Leider schloss die islamische Regierung 1989 das Büro, sodass die Mitarbeiter alle arbeitslos wurden. Der Direktor der Internationalen Bibelgesellschaft floh ins Ausland, um der Ermordung zu entgehen. Auch wir zogen in eine andere Kleinstadt, weil meine Mutter viel Angst vor den radikalen Muslimen hatte, die mich zu ermorden suchten.

Während der Zeit meiner Arbeitslosigkeit sagte meine Mutter manchmal zu mir: »Lies mir aus diesem Buch vor, das du liest.« Ich habe ihr das ganze Neue Testament nach und nach vorgelesen. Meine

Mutter sagte: »Die Dinge, die hier drinstehen, sind gute Dinge! Ich glaube an vieles, was du mir vorliest!« Gott sei Ehre und Dank. Nach einiger Zeit nahm auch meine Mutter Jesus an. Nun wurde mein Leben viel leichter. Denn die Verwandten konnten nicht mehr viel gegen mich unternehmen.

Aber eine meiner Tanten, die an nichts glaubte, betrachtete mich als Feindin, als sie hörte, dass ich, meine Mutter und meine Schwester gläubig geworden waren. »Du hast die ganze Familie in die Irre geführt«, warf sie mir vor.

Gott sei Dank, einige Zeit später kamen auch meine ältere Schwester und meine Tochter zum Glauben.

Ich war vier Jahre lang arbeitslos. Eines Tages erhielt ich einen Brief aus Deutschland. Er kam von meinem früheren Arbeitgeber, dem ehemaligen Direktor der Bibelgesellschaft, der dorthin geflohen war. In seinem Brief fragte er mich, ob ich bereit sei, den Iran zu verlassen und in einem anderen Land Gott zu dienen – z. B. unter den Kurden in Deutschland. Ich erwiderte: »Ja, von ganzem Herzen.«

Seit über 13 Jahren lebe ich nun außerhalb meines Landes und verbreite Gottes Wort unter meinen Landsleuten. Jesus Christus hat mich von meinen Sünden gerettet und mir ein neues Leben gegeben. So wünsche ich mir, dass auch mein Volk von seiner Sündenlast gerettet wird und in ihm Frieden und Freiheit findet.

Um Gottes Wort besser verstehen und weitergeben zu können, studierte ich neben meiner Arbeit vier Jahre lang Theologie und schloss 2006 dieses Studium ab.

Bevor ich gläubig wurde, hatte ich viel Unruhe in meinem Herzen und wollte sogar aufhören, an Gott zu glauben. Aber durch Jesus Christus habe ich Gott kennengelernt – den Gott der Liebe, der auch mich liebt. Ich wollte mich von den Menschen distanzieren, weil ich sie hasste, aber Jesus Christus hat seine Liebe in mein Herz gepflanzt und mich gelehrt, dass ich die anderen ebenso lieben soll, wie er mich liebt. Deswegen diene ich jetzt voller Freude den Angehörigen meines Volkes und liebe sie alle, so wie Gott mich geliebt hat.

Ich danke Gott für seine Treue: Meine Schwester, die mir früher so feindlich gegenüberstand und mich beleidigte, hat vor zwei Jahren auch den Glauben an Jesus angenommen; ich selbst habe sie in der Türkei getauft.

Es ist meine Bitte und meine Hoffnung für euch alle, dass auch ihr an Jesus Christus glaubt und ihm euer Leben anvertraut. Denn er allein ist der Weg, die Wahrheit und das Leben; nur durch ihn können wir zu Gott kommen und geistliche Gemeinschaft mit ihm haben.

Im Gefängnis zur Freiheit

Ich bin froh, dass ich von dieser Freiheit erzählen kann, die wir durch das Kreuz unseres Herrn Jesus Christus erhalten haben. Diese Freiheit ist anders als die Freiheit, die ein Volk durch Macht oder Waffen erhält. Ich selbst bin ein Zeuge dieser Freiheit der Kinder Gottes.

1971 wurde ich in der kleinen Stadt Derbendichan[8] in einer muslimischen Familie geboren. Meine Familie lebte immer nach dem islamischen Gesetz, und dementsprechend wurde ich erzogen. Bis 1997 lebte ich so; und wie die meisten jungen Leute in Suleimania[9] betete und fastete ich nur gelegentlich.

Ende 1997 verließ ich meine Heimat und kam nach Holland. Im fremden Land, arbeitslos, dazu noch mit falschen Freunden, geriet ich auf die schiefe Bahn und begann, Drogen zu nehmen. Dadurch verschlimmerte sich mein Leben, was körperliche und seelische Belastungen zur Folge hatte.

Als ich im Frühjahr 2001 über die holländische Grenze nach Deutschland ging, um Drogen zu beschaffen, wurde ich mit Drogen in der Tasche von der Polizei erwischt, festgenommen und in ein deutsches Gefängnis gebracht.

---

8 Stadt im kurdischen Teil des Irak
9 Stadt im kurdischen Teil des Irak

Von da an begann erst recht ein dunkles Leben: Zwischen vier Wänden mit eisernen Fenstern und Türen, die mich vom Leben abschnitten, hatte ich keinerlei Hoffnung mehr, jemals wieder frei zu werden. Ich wurde sehr traurig und weinte. Ich konnte ja auch kein Deutsch sprechen, um mich auszudrücken.

Ein oder zwei Wochen lang wusste ich nicht einmal, ob es Tag oder Nacht war; mein Kopf hat nur gedröhnt. Danach konnte ich wieder einen klaren Gedanken fassen und begann, über mein Leben von meiner Kindheit an bis jetzt nachzudenken: »Warum bin ich jetzt im Gefängnis, und weshalb sind die Türen vor mir verschlossen?«

Nach langem Grübeln kam ich zu der Einsicht, dass ich schuldig bin. Sechs Monate später wurde ich vor Gericht gestellt und zu einer Gefängnisstrafe von zwei Jahren und acht Monaten verurteilt.

Wie ich es als Kind gelernt hatte, begann ich, wieder zu beten und den islamischen Pflichten nachzukommen. Etwa sechs Monate lang betete ich regelmäßig zu Gott und flehte unter Tränen, las auch im Koran und versuchte, dem islamischen Gesetz und dem, was Mohammed von uns fordert, gerecht zu werden. Aber mit jedem Tag merkte ich immer mehr, wie fern Gott mir war, ohne mein Gebet und Flehen zu erhören. Er gab mir keine Antwort.

Manchmal dachte ich, dass ich die Gesetze nicht so erfülle, wie der Islam es von mir verlangt. Aber jedes Mal, wenn ich im Koran das Wort **Jesus** las, fühlte ich, dass es mir Frieden und Ruhe gab. Denn die Herrlichkeit Gottes ging von diesem Namen aus. Das spürte ich besonders bei einer Stelle im Koran, wo es heißt: »O Jesus, Sohn der Maria, gedenke meiner Gnade gegen dich und deine Mutter, als ich dich mit dem Heiligen Geist stärkte, damit du …« (Sure 5,109). Das bedeutet doch: Vor dem Koran gab es bereits die Bibel.

Als ich meine Sehnsucht spürte, Jesus näher kennenzulernen, entschied ich mich, mit dem Beten und den Praktiken nach dem islamischen Gesetz aufzuhören. Es war mein Wunsch, Jesus kennenzulernen. In dieser Zeit sagte mir eine innere Stimme: »Du wirst ein Christ werden.« Das wünschte ich mir auch von ganzem Herzen.

Ich erfuhr von einem Mitgefangenen, dass einmal in der Woche eine ältere Dame, Schwester E., mit ihrem Mann für 1 ½ Stunden ins Gefängnis käme, um die Botschaft Jesu an die Gefangenen weiterzugeben, um mit ihnen zu beten und ihnen zu helfen. Ich entschloss mich, an dem Treffen teilzunehmen. Sie begrüßte mich herzlich und sprach langsam mit mir in deutscher Sprache, damit ich es verstehen konnte. Ich war erstaunt über ihren Glauben und ihre Gebete unter Tränen. Sie sagte: »Herr vergib uns, dass wir Sünder sind …«

Nach einiger Zeit brachte sie mir ein Lukasevangelium mit. Ich fing an, darin zu lesen, und entdeckte zunächst das erstaunliche Leben Jesu, der auf diese Erde gesandt worden war.

Danach begann ein Kampf in mir: Eine Stimme sagte zu mir: »Du sollst Christ werden.« Eine andere Stimme entgegnete:»Wenn du Christ wirst, kommst du in die Hölle.« Trotzdem suchte ich weiter und befragte Schwester E. Sie brachte mir eines Tages das Buch von Dr. Said mit. Ich begann, darin zu lesen. Die Ausführungen über sein Leben, seinen Glauben an Jesus Christus und seine inneren Kämpfe haben mir als Kurden im Gefängnis sehr geholfen, um die Legenden zu überwinden, die ich seit meiner Kindheit gelernt hatte.

Am Ende des Buches fand ich eine Kontaktadresse. Mit deren Hilfe konnte ich die Bibel, Kassetten und Bücher über den christlichen Glauben beziehen, die ich eine Woche später erhielt. So begann ich, in der kurdischen Bibel zu lesen. Mehrmals las ich das ganze Neue Testament konzentriert durch.

Im Johannesevangelium sagt Jesus zu den Juden, die zum Glauben an ihn kamen: »Wenn *ihr* in *meinem* Wort bleibt, seid ihr wahrhaft meine Jünger; und ihr werdet die Wahrheit erkennen, und die Wahrheit wird euch frei machen« (Johannes 8,31-32). Oder in Vers 36: »Wenn nun der Sohn (Gottes) euch frei macht, werdet ihr wirklich frei sein.«

Die Strafe für meine Schuld auf der Erde war das Gefängnis. Das passt zu einer Stelle, wo es heißt: »Der Lohn der Sünde ist der Tod« (Römer 6,23). Die Strafe, zu der ich verurteilt wurde, war der Aufenthalt in diesem Gefängnis. Aber ich musste frei werden von der Schuld, die mich ins Gefängnis gebracht hatte, nämlich von der Sünde, die mir den ewigen Tod bringen würde!

Als ich mir darüber Gedanken machte, kam der Sohn (Jesus) durch seinen Heiligen Geist in mein Leben. Er machte mich ganz frei! Jetzt war nur noch mein Körper im Gefängnis, aber mein Geist war frei. Seit diesem Tag glaube ich an Jesus Christus. Ich nahm ihn als meinen Herrn und Heiland an und wurde sein Jünger.

Weil mein Meister mächtig ist, war er im Gefängnis mein Lehrer und hat mich als Werkzeug benutzt, um für andere Gefangene ein Zeugnis zu sein. Bereits im Gefängnis begann ich damit, Gott zu dienen, bis ich meine Strafe verbüßt hatte.

Am 6. 12. 2004 wurde ich entlassen. Bevor ich festgenommen wurde, hatte ich in Deutschland einen Asylantrag gestellt, deswegen konnte ich später noch hier bleiben. Ich kehrte in die gleiche Stadt zurück, in der ich früher als Asylant gelebt hatte, und nahm mit den Glaubensgeschwistern dort Kontakt auf. Seitdem verkündige ich die Botschaft von Jesus Christus überall in meiner Umgebung und erzähle von den wunderbaren Taten, die Jesus in meinem Leben gewirkt hat. Der Herr ist überall und immer bei mir. Er macht meinen Dienst leicht. Ich hatte ihn gebetet, meine Sünden zu vergeben, aber er sorgt auch in allen anderen Bereichen für mich.

Ich bin bereit, um seinetwillen überall hinzugehen. Er hatte von Anfang an einen großartigen Plan für mich – gütig wie ein treuer Vater. Er hat für alles auf seine wunderbare Weise gesorgt: für Essen, Kleidung, Unterkunft, Glaubensgeschwister und meine Zukunft.

Ein Paradies inmitten der Hölle

Ich komme aus Suleimania, einer Stadt im irakischen Teil Kurdistans.

Als ich zwölf Jahre alt war, besuchte ich zur Weihnachtszeit meine ältere Schwester. Im Fernsehen lief gerade ein Film über Jesus. Die Darstellung seiner Größe und Persönlichkeit machte auf mich einen so großen Eindruck, dass ich schließlich zu weinen anfing. Seitdem gab ich ihm einen Platz in meinem Herzen und sah in ihm ein Ideal.

Mit zunehmendem Alter machte ich mir noch mehr Gedanken über Jesus; und je mehr ich erkannte und studierte, desto mehr musste ich mich mit ihm beschäftigen.

Obwohl ich viele philosophische Bücher gelesen und sehr fähige Lehrer hatte, war ich doch keinem begegnet, der so wie er voller Liebe, Güte und Barmherzigkeit ist. Gerade deshalb war ich auf der Suche nach ihm.

Mir war auch bewusst, dass Muslime nicht an Jesus als den Sohn Gottes glauben dürfen. Durch unsere Erziehung wird uns vermittelt, dass es problematisch – ja, sogar verboten – ist, sich Jesus so zu nähern. Trotzdem war und blieb meine Zuneigung zu ihm im Herzen.

1996 habe ich durch einen Freund Jesus als persönlichen Retter kennengelernt. Mein Freund erklärte mir, dass ich mich für ein christliches Leben entscheiden könne, indem ich an Jesus Christus glaube, ihn in mein Herz aufnehme und ihn mein Leben verändern lasse.

Und wie ein frisch gepflanzter Spross Wurzeln schlägt, so habe auch ich in Jesus Christus und dem Evangelium neue Wurzeln geschlagen.

Ab einem gewissen Alter beginnen wir, uns über die Existenz Gottes und unser Leben Gedanken zu machen. Existenzielle Fragen werden uns wichtig: Wer hat die Welt erschaffen? Wer hält sie in Gang? Wer hat den Menschen erschaffen? Wie sieht unsere Zukunft aus? Es ging mir wie so vielen Menschen: Ich hatte Lebensfragen und Existenzängste. Deswegen las ich viele Bücher verschiedenster Denkrichtungen und war immer auf der Suche nach der Wahrheit. Aber als ich Jesus kennenlernte, verschwand dieser Kummer und damit auch die Sorge um mein Leben nach dem Tod. Mir wurde klar, dass Jesus Christus der einzige Weg zu dem wahren Gott ist, den ich suchte.

Ja, ich wurde sogar froh; und das selbst in einer Zeit, in der es in Kurdistan sehr viel Leid gab. In den Jahren 1997/98 und auch noch danach waren viele meiner Landsleute nur damit beschäftigt, wie sie das Land verlassen könnten, um in einem anderen, sicheren Land weiterzuleben.

Meine Gedanken waren aber nur bei Jesus Christus. Seitdem ich an ihn als den Retter glaubte, empfand ich mein Leben als ein Paradies inmitten der Hölle. Jesus, der mich verändert hatte, sagt: »Sehet, das Reich Gottes ist inwendig in euch« (Lukas 17,21; Luther 1912). Indem ich ihn bei meiner Bekehrung in mein Herz aufnahm, änderte sich mein Leben total, ich wurde ein anderer, neuer Mensch.

Mit dem großen Verlangen, Gott zu dienen, verbreitete ich das Evangelium von Jesus Christus und fing an, Gutes zu tun, so wie es uns Jesus in den Evangelien sagt. Zusammen mit Glaubensgeschwistern bauten wir in unserer Stadt Suleimania eine Schule für Straßenkinder und Waisen, die weder Nahrung noch Bildung haben, um ihnen eine Chance zu geben, einmal ihr Leben selbst bestreiten zu können und nicht in der Trostlosigkeit stecken zu bleiben. Auf diese Weise erfahren sie Jesu Barmherzigkeit und Liebe. Jesus sagt: »Lasst die Kinder zu mir kommen und wehrt ihnen nicht, denn solcher ist das Reich Gottes« (Lukas 18,16). Kinderherzen sind noch reiner und offener. Es war uns eine Freude, mit dem Dienst unter ihnen zu beginnen.

Wie froh bin ich, Jesus kennengelernt zu haben. Mein Leben ohne ihn wäre einfach nur eine Hölle, so wie es damals vor 1996 war. Seitdem ich ihn kenne, bin ich ein anderer Mensch geworden. Er hat mich mit seinem Blut erkauft. Ich konnte einfach nicht anders, als ihn anzunehmen. Er ist mein Gott, Wegweiser und Vorbild fürs Leben. Ich versuche seitdem, seiner Fußspur zu folgen, meine Mitmenschen zu lieben, Frieden zu stiften und auch anderen vom wahren Leben zu erzählen.

Jesus
– der Schlüssel zur Erkenntnis –
die Antwort auf meine Fragen

Schon als 14-Jähriger hatte ich viele unbeantwortete Fragen. Es waren Fragen, die mich häufig bewegten, auf die ich aber weder beim Islam und den Mullahs noch in Büchern oder an anderen Stellen eine Antwort fand.

Nicht einmal bei meinen marxistischen Freunden und deren Ideologie, denen ich eine Zeit lang besonders zugetan war, konnte ich auf Dauer eine befriedigende Antwort finden. Auch mein Glaube an die Natur und den Menschen wurde enttäuscht, als ich erkannte, wie rücksichtslos und zerstörerisch der Mensch und die Natur miteinander umgehen.

Während meines Universitätsstudiums in Bagdad lernte ich einen jungen Mann aus Shaqlawa[10] kennen, der ein netter und ruhiger Mensch war. Er war der Erste, der mir eine kleine arabische Bibel schenkte. Nachdem ich diese mehrmals mit Sorgfalt gelesen hatte, beschäftigte ich mich besonders mit der Person Jesu, seinen Lehren und seinem Leben auf dieser Erde.

Jesus, den ich dabei als Persönlichkeit entdeckte, beeindruckte mich in seinen Worten und Taten sehr.

---
10 Stadt im kurdischen Teil des Irak

Er wurde für mich der Schlüssel zum Öffnen des Schlosses zu all meinen Fragen. Sein Leben und sein Kreuzestod wurden zu den überzeugenden Antworten auf meine Fragen nach dem Wesen und dem Dasein der Menschen. Nachdem ich ihn kennenlernte, brauchte ich nicht mehr weiter nach Wahrheiten zu suchen, weil er die einzige Wahrheit ist.

Ich habe den gefunden, der »der Weg und die Wahrheit und das Leben« ist (Johannes 14,6).

Freudig ließ ich mich später in Deutschland taufen, weil ich in Kurdistan die Möglichkeit dazu nicht fand.

Von ganzem Herzen danke ich meinem Gott, dass er mir seinen Weg gezeigt hat und ich meinen Heiland, den Herrn Jesus Christus, gefunden habe, der für meine Sünden und für die Sünden der ganzen Welt gestorben ist.

Die schönste Botschaft als Tür zur Hoffnung

Anfang der 80er-Jahre bewegten mich einige wichtige Fragen, wie z. B.: Was bedeutet der Glaube? Wer rettet mich? Wer gibt mir ewiges Leben? Auch fragte ich mich: Warum muss ich immer wieder über diese Themen nachdenken? Gleichzeitig schenkte ich den Menschen in meiner Umgebung und dem, was sie glaubten, kein Vertrauen.

Meine Suche begann damit, dass ich religiöse Bücher las und die Religionsgründer miteinander verglich. Doch alle Wahrheiten entdeckte ich nur in der Bibel! Sie brachte mir die schönste Botschaft und öffnete mir die Tür zur Hoffnung.

Früher war ich ungläubig, verwirrt und traurig. Ich sah mich bis dahin als einen unfruchtbaren Baum. Aber durch die Schritte, die ich zum lebendigen Glauben hin tat, wurden mein Sinn und Verständnis immer mehr erleuchtet.

Bereits am Anfang meiner Suche fand ich in meiner Stadt einen wirklichen Christen, durch den ich viel über Jesus Christus erfuhr. Ich durfte ihm alle Fragen stellen, die mich bewegten; das hat mir im Glauben sehr weitergeholfen.

Mich sprach sehr an, was Jesus im Matthäusevangelium sagt: »Wenn du nun Almosen gibst, sollst du nicht vor dir herposaunen lassen, wie die Heuchler tun in den Synagogen und auf den Gassen, damit sie von den Menschen geehrt werden. Wahrlich, ich sage euch, sie haben ihren Lohn dahin … Ihr (sollt) nicht sein wie die Heuchler; denn sie lieben es, … an den Ecken der Straßen stehend zu beten …« (Matthäus 6,2ff.; revidierte Elberfelder).

Darauf, was diese Menschen tun, legt Gott keinen Wert. Denn sie haben bereits ihren Lohn in der Welt bekommen. Wenn ein wahrer Gläubiger fastet, lässt er das die anderen Menschen nicht wissen. Er soll so leben, dass die anderen es nicht merken, dass er fastet. Wenn er Almosen gibt, soll die linke Hand nicht wissen, was die rechte tut. Oder wenn er betet, soll er die Tür schließen, damit andere Menschen es nicht sehen. Denn der himmlische Vater weiß und sieht ja ohnehin alles, sei es Gutes oder Böses.

Erst jetzt verstand ich, was ein vor Gott wohlgefälliges Leben bedeutet. In meiner Umgebung hatte ich bisher immer nur erlebt, was im absoluten Gegensatz dazu stand.

Dieser neue Glaube erfüllte mich mit viel Freude. Ich fühlte mich wie neugeboren. Ein neues Leben begann. Durch meinen neuen Glauben lernte ich viele gute Dinge kennen. Die schlechten Dinge, die ich in meiner Vergangenheit tat, versuche ich nun zu lassen.

Schwierige Situationen kann man zunächst oft nur mit der Familie besprechen. Deswegen sprach ich zuerst mit meinen Familienangehörigen darüber, dass ich gläubig geworden war. Zum Glück haben sie dies wohlwollend aufgenommen und mir erlaubt, ihnen aus der Bibel vorzulesen. Sie waren sogar glücklich, das Wort Gottes zu hören. Eines Nachts träumte ich sogar von Jesus; das hat mich sehr ermutigt.

Aufgrund der schwierigen Lage in Kurdistan floh ich wie viele andere nach Europa. Das hat aber meinen Glauben keineswegs erschüttert; im Gegenteil, hier konnte ich mich ohne Schwierigkeiten taufen lassen. In meiner Heimat fand ich keinen, der dazu bereit gewesen war. Auch hatte ich jetzt mehr Zeit, mich mit der Bibel zu beschäftigen. Sie ist für mich wie ein grenzenloses Meer – voller Weisheit und Belehrung. Gottes Wort ist das Licht für diese dunkle Welt. Ich lernte in Europa auch einige gläubige Menschen kennen, die mir in meinem Glaubenswachstum sehr weiterhalfen. Das betrachte ich als ein großes Geschenk unseres Herrn Jesus Christus an mich.

Ich bin ihm sehr dankbar, dass er durch seine Gnade und Barmherzigkeit meine Sünden vergeben hat. Das Blut Jesu hat die Kraft, die Sünden aller Menschen zu tilgen, die ihn um Vergebung bitten.

Nur eine Frau?

Die Schmach, nur eine Frau zu sein, lag seit meiner Geburt auf mir. In unserer Gesellschaft gelten Frauen nicht viel, denn man meint, dass alles, was verkehrt gelaufen ist, auf eine Frau zurückzuführen sei. Schon als Mädchen schämte ich mich dafür.

Durch die Scharia und einige Gesetze sind wir damit konfrontiert; und wie alle Frauen meines Volkes bin ich durch diese Gedanken gefesselt und komme mir wertlos vor. Oft habe ich mir darüber Gedanken gemacht und mich gefragt, warum ich als Frau so wertlos bin. Wieso hat Gott die Frauen geschaffen? Weshalb hat er mich nicht als Junge erschaffen?

So aber war mein Leben wertlos. Manchmal habe ich mich selbst gehasst, denn ich kannte keine Quelle, aus der ich Liebe schöpfen konnte. Ich fand keinen Trost und keine Ruhe in meinem Leben.

Als ich aber die Bibel las, wurden alle meine Fragen durch Gottes Liebe zu den Menschen beantwortet. Es ist diese grenzenlose Liebe, die keinen Unterschied kennt, wer immer du bist, ob Mann oder Frau, oder zu welcher Rasse du auch gehörst. Als ich das erkannte, wurde mir klar: Jesu Blut wurde für *alle* vergossen – für Frauen wie für Männer.

Ich habe Jesus in mein Leben aufgenommen und erkannt: Gott ist die Liebe. Er gibt uns ewiges Leben, wenn wir an ihn glauben.

Sucht ihr auch nach Gottes Liebe? Möchtet ihr euren Wert als Mensch finden, so fangt an, die Bibel, Gottes Wort, zu lesen!

Von der Liebe gesucht und gefunden

1977 wurde ich in Kirkuk[11] in einer islamischen Familie geboren. Ich hatte noch fünf Brüder und sechs Schwestern. Unser Vater war sehr jähzornig und schlug uns, wenn wir etwas machten, was er für falsch hielt. Das Leben zu Hause war wirklich unbeschreiblich, und ich bin auch irgendwann daran verzweifelt und wusste nicht mehr weiter. Mein Leben bestand aus Arbeit draußen sowie Streit und Schlägen zu Hause. Dreimal versuchte mein Vater, mich zu töten. Einmal steckte er mich in einen Sack und warf mich fort. Ein anderes Mal verbrannte er mich mit glühenden Messern; ein drittes Mal warf er mich in eine Fäkaliengrube. Dies und vieles andere verletzte mich äußerlich und innerlich sehr. Bis heute sind die Spuren der glühenden Messer auf meiner Haut zu sehen, und sie haben ihre Wirkung auch in meiner Seele hinterlassen.

Ich habe nie Liebe erfahren, weder in meiner Familie noch außerhalb meines Zuhauses; und obwohl ich gegen die Erziehungsweise meines Vaters war, wurde ich doch bald zu einer Kopie von ihm. All die Erniedrigungen und Verletzungen, alles Schimpfen, die ganze Lieblosigkeit – einfach alles, was ich von zu Hause mitbekam – hatten mich zu einem Menschen voller charakterlicher Fehler gemacht. Manch-

---
11 Stadt im nördlichen Teil des Irak

mal konnte ich nicht mehr zwischen Gut und Böse unterscheiden und wusste nicht einmal mehr, dass es da überhaupt einen Unterschied gibt. Wer keine Liebe erfahren hat, kann auch keine weitergeben.

Mit Angst im Herzen und ohne Liebe entschloss ich mich 1996, mein trauriges Leben in Kurdistan, mein Haus und Land für immer zu verlassen. So machte ich mich auf den Weg in den Iran. Von dort aus bin ich über die Türkei nach Norwegen gekommen. Das dauerte vier Jahre. Durch 13 Länder bin ich gereist und habe dabei viel Schmerz und Leid erfahren. Dank aber sei Gott, der mich an vielen Stellen bewahrt und gerettet hat.

Nachdem ich schon einige Zeit in Norwegen gelebt hatte, traf ich ein Mädchen. Als wir uns näher kennenlernten, wünschte ich von ganzem Herzen, sie zum Islam zu bekehren.

Als ich im Jahr 2000 nach Kurdistan reiste, um mir dort eine Frau zu suchen und zu heiraten, fand ich aber keine Frau, die mir solche Liebe entgegenbrachte wie dieses norwegische Mädchen. Deshalb kehrte ich nach Norwegen zurück und heiratete sie. Wir heirateten in der Moschee, und obwohl ich nicht einmal alle Glaubensgrundlagen meiner eigenen Religion kannte, hatte ich auch in der Ehe noch die Absicht, meine Frau zum Islam zu bekehren. Sie wollte aber nicht. Und ich konnte nicht ihren Glauben annehmen; denn der Islam verbietet streng den Übertritt zu anderen Religionen.

So fingen wir an, den Koran und die Bibel in arabischer und norwegischer Sprache zu lesen, und merkten, dass viele Zitate des Korans dem Alten Testament der Heiligen Schrift entnommen sind. In dieser Zeit beteten wir jeden Tag, dass Gott uns den wahren Weg zeigen möge. Ich sehne mich danach, den richtigen Weg zu kennen: War es Mohammed oder Jesus – wen sollte ich anbeten?

In den folgenden zwei Jahren hatten wir viele Schwierigkeiten. Deshalb beteten wir viel und baten Gott um Hilfe. Ich danke Gott für einen meiner Freunde, der uns besuchte. Was ich nicht wusste, war die Tatsache, dass er seit einem Jahr an Jesus Christus glaubte. Er brachte drei andere Gläubige mit. Wir aßen zusammen und erzählten stundenlang, aber es fiel kein Wort über Jesus und das, was das Leben meines Freundes so verändert hatte. Obwohl ich kein radikaler Muslim war, erlaubte ich es dennoch nicht, in meinem Haus öffentlich über den christlichen Glauben zu sprechen.

Nachdem meine Freunde gegangen waren, sagte meine Frau, der Heilige Geist habe ihr klar gemacht, dass mein Freund an Jesus Christus glaube. Ich war wie vom Blitz getroffen und wunderte mich, wie ein Mensch »Christ« werden könne. »Geh und frag ihn«, erwiderte sie. Was meine Frau gesagt hatte, beschäftigte mich sehr, aber ich wusste nicht, wie ich meinen lieben Freund fragen könne, ob er Christ geworden sei. Ich bat Gott um Weisheit und rief drei Tage später schließlich an. »Bruder, bist du

Christ geworden?«, fragte ich ihn. Diese Frage war ihm aber nicht angenehm. Zu viele Verletzungen hatte er durch solche Fragen erfahren. »Was meinst du damit?«, bemerkte er.

Dann erzählte ich ihm alles über die Schwierigkeiten mit meiner Frau, über unsere Gebete dafür, dass Gott uns doch den wahren Weg zeigen möge, und meine Hoffnung im Blick darauf, dass er vielleicht die Antwort Gottes sei, um unserer Suche ein Ende zu bereiten. Zwei Stunden lang telefonierten wir so miteinander. Mein Freund erklärte mir vieles in Bezug auf den Heiligen Geist, auf Gott und darauf, dass er die Liebe sei. Er sprach über die Unterschiede zwischen Jesus und Mohammed, Evangelium und Koran. Dies alles war neu für mich, vieles blieb mir unverständlich; und so verabredeten wir uns für den nächsten Freitag.

Bis endlich der Tag da war, hatte ich ständig das Gefühl, etwas Neues warte auf mich; ich war sehr gespannt. Mein lieber Bruder hat mir dann anhand der Heiligen Schrift gezeigt, wie Gott alle unsere Fragen beantwortet und wie Jesus Christus im Johannesevangelium sagt: »Ich *bin der Weg und die Wahrheit und das Leben. Niemand kommt zum Vater als nur durch mich*« (Johannes 14,6). Er erklärte mir, dass Jesus von Gott sagt: »*Denn so hat Gott die Welt geliebt, dass er seinen eingeborenen Sohn gab, damit jeder, der an ihn glaubt, nicht verlorengehe, sondern ewiges Leben habe*« (Johannes 3,16).

Er erläuterte mir, dass Christus um unsertwillen gekreuzigt wurde, dass sein Blut uns von unseren Sünden gereinigt hat und dass er viele Schmerzen ertragen hat, damit wir errettet werden können. Vers für Vers erklärte mir mein Freund diese Aussagen, und ich spürte die Veränderungen, die jeder Vers in meinem Herzen bewirkte. Ich verstand alles, und zum ersten Mal war meine Unruhe verschwunden – diese Nervosität, die mich nie still sitzen ließ. Ich war selbst überrascht, wie lange ich meinem Freund zuhören konnte. Nach diesem Besuch waren meine geistlichen Augen geöffnet, und mir wurde überdeutlich klar, dass ich tot war! Ich war tot, weil ich das wahre Leben nicht kannte.

Einige Zeit später lud dieser Freund mich zu einem Kirchenbesuch ein. Als ich dort erlebte, wie Gläubige ihren Gott anbeten und loben, konnte ich nicht mehr stehen bleiben. Wie ein Stromschlag wirkte der Heilige Geist in mir.

Ich bekehrte mich am 20.11.2002 zu Jesus Christus, und als ich in der Kirche nach vorn gerufen wurde – ich war der zweite Muslim, der sich hier bekehrte –, erzählte ich aus meinem Leben, was für ein Mensch ich gewesen war und wie dankbar ich jetzt sei, dass ich an Jesus Christus glauben dürfe.

Früher nahm ich immer an, Christen dürften tun, was immer sie wollten, aber durch die Heilige Schrift und einige Brüder wurde mir klar, dass meine Annahme falsch war. Jesus Christus hat zwar die Gläubigen aus der Gefangenschaft der Sünde befreit, aber damit haben sie keinen Freibrief, alles zu tun, was sie wollen.

Ich muss gestehen, dass die Brüder, die mir halfen, den wahren Weg des Glaubens zu erkennen, bei mir vor einer sehr schwierigen Aufgabe standen. Schließlich verstand ich aber doch, welche Absicht Gott mit uns Menschen hat, wie groß unsere Verantwortung gegenüber Jesus Christus ist und was Gott von Gläubigen erwartet.

Seit meinem 15. Lebensjahr habe ich geraucht, getrunken und Drogen genommen, aber von all diesen Dingen hat Gott mich befreit. Ihm sei Lob und Dank dafür. Nun darf ich ihm in Norwegen dienen und zusammen mit anderen Gläubigen dazu beitragen, dass Kurden die Frohe Botschaft von Jesus Christus hören.

Ich danke Gott dafür, dass sich auch das Leben meiner Familie nun völlig geändert hat. Ich selbst hätte niemals eine Lösung für meine Probleme gefunden und mir auch nicht eine solch große Änderung meines Lebens ausgemalt. Ich danke Gott, dass er mir Jesus Christus vorgestellt hat und ich durch sein Wort seine Liebe und Absicht verstehen durfte.

Ich danke Gott, dass er mein Leben in jeder Hinsicht reichlich gesegnet hat.

Er zog mich aus dem Meer der Verzweiflung

Ich war ein verlorener Mensch und steckte im Sumpf der Sünde. Ich wusste nicht, weshalb ich auf dieser Erde bin und wozu ich überhaupt lebe. Ich habe in meinem Leben keine Liebe erfahren. Wie andere Menschen in unserer Gesellschaft musste ich tun, was mir unsere Kultur und unser Glaube vorschrieben. Pflichtgemäß erfüllte ich die religiösen Vorschriften, jedoch nicht freiwillig oder von Herzen. Genau wie die anderen betete und fastete auch ich, verstand aber nicht, warum ich all diese Rituale befolgen sollte.

Trotzdem hatte ich dabei niemals das Gefühl, Gott nahe zu sein, obwohl ich glaubte, dass es einen Gott gibt, der die Erde, das Universum und auch mich erschaffen hat. Aber ich wusste nicht, wo er ist, was er tut und warum er alles geschaffen hat. So war ich voller Fragen.

Ich danke meinem Gott, dass er mich den Weg zu ihm über eine Schwester finden ließ.

Eines Tages war ich bei ihr zu Hause eingeladen. Wir diskutierten viel über den Glauben und die Bibel. Ich hatte schon in der Bibel gelesen und wusste einiges über Jesus, aber das hatte bisher noch keine Auswirkung auf mein Leben. Ich lebte in der Furcht vor dem, was andere Menschen von mir sagen könnten, wenn sie fragen würden: »Warum hat sie ihren Glauben verlassen?« So war ich innerlich aufgewühlt. Auf der einen Seite hatte ich Jesus lieb, auf der anderen Seite konnte ich nicht richtig an ihn glauben, denn ich hatte Angst, dass ich nach dem Tod dafür bestraft würde und in die Hölle käme.

Tausende solcher Gedanken wirbelten durch meinen Kopf. Sogar mein Mann sagte zu mir: »Du glaubst an Jesus, du bist eine Ungläubige geworden.«

Doch ich ging trotzdem weiter zu dieser Schwester; es kamen noch mehrere Geschwister dazu. Sie erklärten mir Jesu Wort und sein Leben und beteten für mich. Sie sagten, dass Jesus der einzige Weg ist, der zum Himmel führt. Daraufhin sind alle Zweifel aus meinem Herzen weggenommen worden. Dann habe ich mein Leben, meinen Besitz, meine Kinder, meinen Ehemann – einfach alles – in Jesu Hände gelegt. Ich wollte von ganzem Herzen an ihn glauben und bat ihn, dass er mir selbst die Wahrheit zeigen möge, wenn er der Weg, die Wahrheit und das Leben ist, wie es in der Bibel steht.

Wenig später segnete Jesus mein Leben, indem er mich die Wahrheit erkennen ließ und mich fand, die ich verloren war. In jener Nacht lernte ich, mit Gott zu reden und meine Beziehung zu ihm zu pflegen. Auf einmal war mir alles klar, und ich wurde ein neuer Mensch.

Als ich am nächsten Morgen aufstand, war es ein ganz anderer Morgen als früher. Mein Leben war verändert. Zuerst las ich die Bibel in kurdischer Sprache. Ich fand in ihr das, was ich mein Leben lang gesucht hatte. An jenem Tag empfand ich eine so große Freude, wie ich sie in meinem ganzen Leben vorher nie erlebt hatte.

Jetzt ist auch meine Familie verändert. Alles ist anders geworden. Unser Leben vorher war ein einziges Chaos – mein Mann und ich hatten schon oft vorgehabt, uns zu trennen, weil das Zusammenleben für uns bedeutungslos geworden war und wir keine gute Ehe mehr führten. Nachdem wir aber beide Jesus als unseren Herrn annahmen, war unser Leben gerettet. Wir danken Gott, dass er uns dieses neue Leben geschenkt hat.

Unser Leben hat eine neue Bedeutung gewonnen, weil wir wissen, wer Gott ist und wie sehr er uns liebt.

Jesus hat in unserem Leben viele Wunder getan. Eine unserer Töchter wurde krank, als sie sechs Jahre alt war. Wir gingen von einem Arzt zum anderen. Die Ärzte sagten, dass es nirgendwo Heilung für sie gäbe. Sie hatte Lepra. Wir versuchten alles, jedoch ohne Erfolg. Aber nachdem wir gläubig geworden waren, kamen wir im Namen Jesu mit anderen Geschwistern zusammen. Sie sagten zu mir: »Wenn du von ganzem Herzen glaubst, dass er dir gibt, worum du ihn bittest, wird er es tun.« Das war die erste Erfahrung, die ich mit Jesus machte.

Ich hatte sehr viel geweint, weil weder Ärzte noch Medikamente meinem Kind helfen konnten. Zusammen mit meinen Glaubensgeschwistern flehten wir zu Jesus: »Bitte, erbarme dich über das Kind und heile es.« Wir sagten: »Herr Jesus, wir glauben an dich und an deine Macht. Du hast Tote lebendig gemacht, du hast Blinde und Leprakranke geheilt. Wir beten dich an! Um deines Namens willen bitten wir dich, heile dieses Kind, erbarme dich seiner.« Ich sage euch, in diesem Moment wurde mein Kind geheilt. Ich sage allen: »Glaubt an Jesus Christus mit ganzem Herzen und ganzem Verstand!« Er hat mein Kind durch seine Gnade geheilt. Es ist keine einzige Wunde mehr an seinem Körper. Seit jenem Tag vertrauen wir ihm noch mehr.

Er kann alles tun, wenn wir ihm von ganzem Herzen vertrauen und ihn darum bitten.

Wohin führt mein Glaube?

Jeder Mensch auf dieser Erde glaubt an etwas. Entweder ist es ein religiöser Glaube, eine Ideologie oder eine materialistische Philosophie. Wichtig ist jedoch: Wohin führt mich dieser Glaube?

Ich war ein verlorener Mensch, denn mein Leben basierte auf einer weltlichen Ideologie. So lebte ich ohne jegliche Orientierung, denn Gott war nicht Inhalt meines Lebens. Ich wollte diese Welt und das Universum begreifen, indem ich zu erkennen suchte, wer diese Erde erschaffen hat und warum die Menschen auf ihr leben. Auch wollte ich wissen, wie denn Gott uns Menschen beurteilt.

Der Grund für diese Fragen war der Durst meiner Seele nach der Wahrheit. Ich hatte in meinem Leben keine richtige Liebe erfahren, und meine Seele war in ständiger Unruhe. Ich hasste den christlichen Glauben, manchmal kämpfte ich sogar gegen ihn. Aber Gottes Plan war, dass ich ihn durch sein Wort kennenlernen sollte. Durch das Lesen der Bibel verstand ich, warum Gott die Welt und die Menschen erschaffen hat.

Sein Wort bewirkte eine große Änderung in meinem Leben. Jetzt lebe ich im Glauben an Jesus Christus. Er, mein Retter, bestimmt mein Leben. Jetzt habe ich Frieden für mein Herz und Ruhe für meine Seele gefunden, weil ich weiß, an wen ich glaube.

Ihr Lieben, die Welt und alles, was sie an materialistischer Ideologie und vermeintlicher Erfüllung zu bieten hat, ist zeitlich und wird vergehen; aber Gottes Liebe ist ewig.

Er verspricht uns in der Bibel: »Kommt her zu mir, alle ihr Mühseligen und Beladenen, und *ich* werde euch Ruhe geben« (Matthäus 11,28).

Heute lebe ich wirklich

Ich wurde 1969 in einem Dorf in der Nähe von Kirkuk in einer muslimischen Scheichfamilie geboren. Mein Großvater war ein Mullah. 1998 pilgerte mein Vater nach Mekka. Seit meiner Kindheit brachte mein Vater uns bei, wie wir beten und nach dem islamischen Gesetz leben sollen, und er war froh darüber, dies tun zu können. Ich erinnere mich noch daran, dass mein Vater mich holen ließ, wenn wir Besuch hatten, weil ich Suren aus dem Koran auswendig vortragen sollte. Ich war glücklich, wenn ich alles richtig aufgesagt hatte. Wenn wir hörten, dass im Fernsehen jemand aus dem Koran vorlas, weinten wir oft vor Ergriffenheit.

1979 starb meine Mutter. Ihr Tod war sehr schwer für mich. Nach ihrem Tod kehrte ich in das Dorf zurück, in dem ich geboren war, und beendete die fünfte Schulklasse.

In jenem Jahr heiratete mein Vater wieder, was sehr schlimm für mich war; denn ich wurde häufig gefragt, wie ich darüber denke. Meine Antwort lautete: »Wenn die Frau gut ist für meine Geschwister, ist das nicht so schlimm.«

Ich bin das dritte Kind und habe noch drei Brüder und drei Schwestern. Mein jüngster Bruder war erst ein Jahr alt, als meine Mutter starb. Nachdem ich die fünfte Klasse abgeschlossen hatte, kehrte ich nach

Kirkuk zurück, verließ aber bereits nach der sechsten Klasse die Schule, weil mein Vater es so wollte. Ich hoffe, dass niemand sein Kind so früh von der Schule nimmt; denn später erst merkte ich, welch ein Fehler das war. Ich musste arbeiten gehen, obwohl unsere wirtschaftliche Lage das nicht erfordert hätte. So arbeitete ich seit meinem 13. Lebensjahr, bis ich 1989 zum Militär eingezogen und nach Kuwait geschickt wurde.

Nach dem Krieg lebte ich in der kleinen Stadt Chemchemal[12] und begann dort mit dem Verkauf von Zigaretten, obwohl ich bis dahin nie geraucht hatte. Außerdem betrieb ich eine Wechselstube. Dadurch lernte ich einen jungen Mann aus der Stadt Suleimania kennen, durch den ich an Drogen kam. Die Beziehung zu meiner Familie entwickelte sich dadurch negativ. Ich wollte als Jugendlicher alle Freiheiten ausleben. Als mein jüngster Bruder mit mir zusammenzuarbeiten begann, fing auch er an, Drogen zu nehmen. Wir hatten eine sehr enge Beziehung zueinander, sodass man uns für Freunde und nicht für Brüder hielt.

Mit der Zeit wurde mir alles egal, und es war für mich auch nicht so wichtig, ob ich sündigte oder nicht. Ich nutzte jede Gelegenheit zur Sünde aus und verlor Gott ganz aus den Augen. Letztendlich bestahlen wir Brüder uns sogar gegenseitig, ohne dass der andere etwas davon merkte. Diebstahl,

---

12 Stadt im kurdischen Teil des Irak

Ehebruch, Alkohol, Drogen und Lüge usw. wurden zur Normalität.

1993 kehrten mein Vater, meine Stiefmutter und meine Geschwister nach Kirkuk zurück. Aber weil ich seinerzeit desertiert war, konnte ich nicht mit ihnen zurückkehren. Das fand ich allerdings auch nicht schlimm. Ich war eher glücklich darüber, nun frei zu sein, um machen zu können, was ich wollte. Ohne meine Familie fühlte ich mich keinem Menschen gegenüber verantwortlich.

Trotzdem bleibt mir der Tag des Abschieds unvergessen. Ich führte mein bisheriges Leben so weiter, bis ich 1995 in Suleimania Mitglied des bewaffneten Zweigs einer der dortigen kurdischen Parteien wurde.

In der Straße, in der wir lebten, hatten wir christliche Nachbarn. Aufgrund ihrer Lebensweise und ihres Umgangs mit anderen Menschen war es wirklich eine besondere Familie. Sie beeindruckte mich sehr.

Ein Jahr später sah ich auch jenen Freund wieder, durch den ich damals an die Drogen gekommen war. Jedoch verlief unsere Begegnung dieses Mal ganz anders. Er war völlig verändert. Seine Ausdrucksweise und sein Benehmen unterschieden sich deutlich von seinem früheren Verhalten. Ich fragte ihn: »Was ist mit dir geschehen? Warum bist du so verändert?« Er antwortete: »Ich glaube an Jesus.«

Das war für mich eine neue, interessante Sache. »Möchtest du auch an Jesus glauben?«, fragte er mich. Ich sagte sofort: »Ja.« Von da an betrachtete ich mich bereits als Christ, ohne dass ich irgendetwas über den christlichen Glauben wusste.

Es war für mich eine ganz neue Erfahrung, als ich zu einer christlichen Versammlung eingeladen wurde. Ich spürte echten Frieden sowie echte Freude und empfand, dass mir echte Liebe entgegengebracht wurde.

Aufgrund meiner früheren Lebensführung hatte ich Magengeschwüre bekommen. Die Gläubigen beteten für mich, damit ich von dieser Krankheit geheilt würde. Ich weiß nicht, wie es geschah, aber die Schmerzen verschwanden. Es bleibt mir unvergessen, wie ich so von meinen Schmerzen und der Abhängigkeit von den Drogen befreit wurde. Das war mir ein Beweis dafür, dass ich an einen lebendigen Gott glaube und er mir immer nahe ist.

Nach dieser Veränderung begann ich, die Bibel zu lesen, und erkannte, dass er der wahre Gott ist. Er ist der einzige Retter und heißt Jesus Christus. Durch Jesus Christus wurde mir auch klar, dass Gott mich wirklich liebt und dies eine bedingungslose Liebe ist, die keinerlei Gegenleistungen verlangt. Gott sandte seinen Sohn zu uns, damit wir gerettet werden (Johannes 3,16 und 3,36).

Ich las, dass jeder Mensch, der an ihn glaubt, nicht bestraft wird. Seitdem ich an Jesus glaube, lebe ich erst richtig. Jesus selbst ist *das Leben*. Er hat mein sündiges Leben in wahres Leben umgewandelt. Und heute darf ich Gottes Liebe spüren.

Nur Gott allein und ich selbst wissen, welch ein Leben ich früher geführt habe, bevor ich Jesus als meinen Erretter angenommen habe. Ich war ein verlorener Mensch, so wie er in Lukas 15,11-32 beschrieben wird. Doch Jesus hat mich gefunden und gerettet. Er allein kann uns mit Gott versöhnen. Ihm, meinem Retter, bin ich für immer dankbar.

Jesus hat meine Last getragen

Als Kurdin bin ich in einer muslimischen Familie aufgewachsen, die durch regelmäßiges Beten und Fasten geprägt war. Darum war es sehr schwierig für mich, den christlichen Glauben anzunehmen.

Einige Monate nach unserer Einreise in Deutschland traf mein Mann im Zentrum der Stadt, in der wir wohnten, auf eine Gruppe gläubiger Christen, die das Evangelium von Jesus Christus in Deutsch weitergaben. Obwohl mein Mann die Sprache nicht beherrschte, wurde sein Interesse geweckt, und er hörte zu. Dann fragte ihn jemand, ob er den Kern der Botschaft verstanden habe. Er antwortete, dass es für ihn hilfreich wäre, das Evangelium in kurdischer oder arabischer Sprache zu bekommen. Er erhielt ein Traktat in Arabisch. Dazu erhielt er eine Kontaktadresse von einem Christen, der gut Arabisch sprechen konnte. »Wenn du willst, kannst du Kontakt zu ihm aufnehmen!«

Mein Mann begann sogleich, das Traktat zu lesen, und staunte, weil er noch nie in seinem Leben solch eine Botschaft gehört hatte. Wie die meisten Muslime dachte er, Jesus sei nur ein Prophet und nicht der Retter der Welt.

Von der Liebe Gottes beeindruckt, bat er die Kontaktperson um mehr Informationen über den christlichen Glauben. Innerhalb kurzer Zeit entstand zwischen unseren Familien eine sehr schöne persönliche Beziehung. Es war für uns – als Flüchtlinge in einem fremden Land – ein sehr schönes Gefühl, eine deutsche Familie kennenzulernen. Nach einiger Zeit merkte ich eine Veränderung bei meinem Mann. Er verhielt sich anders.

Eines Tages fand ich beim Putzen eine arabische Bibel. Schockiert fragte ich mich, was diese Bibel hier zu suchen habe. Als mein Mann nach Hause kam, stellte ich ihn zur Rede: »Was macht dieses Evangelium hier?« Er antwortete lächelnd: »Ja, ich weiß, das gehört mir.« Ein Schauer überkam mich, und ich erwiderte: »Ist das dein Ernst?« »Ja, das ist mein Ernst.« So erzählte mir mein Mann, wie er die Bibel bekommen habe, wie er Kontakt mit gläubigen Christen aufgenommen habe und zum Glauben an Jesus Christus gekommen sei.

Sein neuer Glaube führte zu großen Meinungsverschiedenheiten zwischen uns, sodass ich schließlich für mich entschied: Wenn er nicht sofort aufhört, im Evangelium zu lesen und den Kontakt zu den gläubigen Christen abzubrechen, werde ich die Kinder nehmen und in unsere Heimat Kurdistan zurückkehren. Für Muslime ist es nicht erlaubt, mit Christen zusammen zu sein, im Islam sind solche Verhältnisse verboten.

Meine Entscheidung wirkte sehr stark auf meinen Mann, und er nahm Zuflucht bei seinen gläubigen Freunden, die für ihn mehr als Geschwister waren.

Sie entschlossen sich, zusammen anhaltend dafür zu beten, dass Gott mein Herz erweiche, sodass ich von meinem Entschluss abließe, damit unsere Familie nicht zerstört würde.

Zur gleichen Zeit, während ich vom Verhalten meines Mannes noch sehr betroffen war, gab es jedoch etwas, das mich dazu drängte, im Evangelium zu lesen, wenn mein Mann nicht zu Hause war. Ich wollte wissen, was darin steht.

Bekanntlich ist es einem Muslim nicht erlaubt, das Evangelium in die Hand zu nehmen; daher war mir auch der Inhalt unbekannt. Die Worte des Evangeliums waren bewundernswert und neu für mich. Alles war voller Liebe Gottes zu uns Menschen. Trotzdem entstand ein starker Kampf in meinem Innern. Zum einen sagte ich mir: »Nein, niemals! Wie kann ein Muslim Christ werden? Du bist doch im Besitz einer einzigartigen Religion. Mohammed ist der letzte Prophet, den Gott zu den Menschen sandte. Wie werden die Verwandten und dein Volk über dich denken?« »Gott vergib mir den Götzendienst, den ich hier betreibe«, betete ich – und stellte das Evangelium zurück.

Aber etwas ließ mich nicht los und trieb mich immer wieder dazu, darin zu lesen.

Diese Situation dauerte einige Monate, bis ich eines Tages, es war der 5. Oktober 1983, auf einen Vers stieß, der mich nicht losließ: »*Kommt her zu mir, alle ihr Mühseligen und Beladenen, und ich werde euch Ruhe geben«* (Matthäus 11,28). Jesus Christus meint hier nicht etwa jemanden, der eine lange Reise hinter sich hat, sondern er meint die Seele, die keinen Frieden hat. Mühselig und beladen ist auch nicht jemand, der schwere Gegenstände trägt und darunter seufzt, sondern derjenige, den die Sünde belastet, die er trägt. Jesus weiß ganz genau, wie schwer diese Last für die Menschen ist, daher hat er sich als Opfer für unsere Sünden hingegeben. Er hat unsere Last getragen, sodass unsere Last leicht wird und er uns erquickt.

Nachdem dieser Vers den ganzen Tag über in meinen Gedanken war, konnte ich nicht mehr widerstehen. Ich kniete mich nieder und schrie: »O Jesus Christus, wenn es richtig ist, dass du Mühselige erquickst und Beladene befreist, zeige mir etwas, und ich werde dich als meinen Gott anerkennen.« Augenblicklich fühlte ich, als würde eine sehr schwere Last von mir genommen. Ich wusste nicht, was ich tun sollte; ich konnte nicht stillstehen und weinte vor Freude.

Dieser Tag war nicht wie alle anderen. Mit meinen Gedanken war ich weder beim Kochen noch Putzen. Ich vergaß sogar, die Kinder von der Schule abzuholen, obwohl ich sonst in diesen Dingen sehr gewissenhaft bin. Die Freude, die ich im Herzen hatte, war größer als alle anderen Dinge.

Mein Mann rief wie jeden Tag vom Sprachkurs aus an und fragte, ob es noch etwas einzukaufen gäbe. Ich antwortete: »Was du glaubst, glaube ich jetzt auch.« – »Meinst du das ernst?« – »Ja, ich meine es ernst.« Noch in der Telefonzelle brach mein Mann in Freudentränen aus. Die Leute vor dem Telefonhäuschen wunderten sich über diesen weinenden Mann. Sie konnten nicht wissen, dass es Freudentränen waren.

Als er nach Hause kam, hatte er statt Fleisch und Gemüse verschiedene Süßigkeiten eingekauft. Sofort rief er die Glaubensgeschwister an und teilte ihnen diese schöne Nachricht mit. Noch am gleichen Tag kamen sie mit Blumen und Süßigkeiten zu uns, und wir dankten Gott und feierten, weil »der verlorene Sohn« zum Vater zurückgekehrt war.

Auf der Suche nach Gottes Wort

1955 wurde ich in einer kleinen Stadt in eine arme Familie hineingeboren. 1973 heiratete ich. Ab und zu besuchte ich die Moschee, aber nach dem Angriff Saddam Husseins mit chemischen Waffen und dem Völkermord in Kurdistan glaubte ich nicht mehr an Gott. Ich lebte und dachte nun wie ein Kommunist. Nach den Auswanderungen und inneren Auseinandersetzungen im Land kam ich jedoch wieder zur Einsicht, dass es einen Gott geben muss.

1993 arbeitete ich dann im Personenschutz des Schwedischen Roten Kreuzes in einer kurdischen Stadt. Dort begegnete ich Christen, die Gott lobten und zu ihm beteten. Früher hatte ich immer angenommen, dass Christen nicht an Gott und eine Auferstehung nach dem Tod glauben würden.

Eines Tages sagte mir ein Freund und Arbeitskollege, der Christ ist: »Als man Jesus kreuzigte, hat er ausgerufen: »Vater (Gott), vergib ihnen, denn sie wissen nicht, was sie tun« (Lukas 23,34). Dieser Satz machte mich sehr betroffen. Deswegen suchte ich nach einer Bibel. Die Buchhandlung, bei der ich eine solche in arabischer Sprache zu bekommen hoffte, konnte ich aber leider nicht finden. So suchte ich eine Bibel, wo immer ich hinkam.

Eines Tages fand ich jedoch ein Buch über das Leben Jesu. Ich begegnete dabei zwei bärtigen Männern, die sich auch diese Bücher ansahen. Es entstand etwa folgender Wortwechsel zwischen ihnen und mir:

Sie: »Warum liest du dieses Buch?«
Ich: »Warum nicht?«
Sie: »Das ist gefälscht und nicht mehr gültig. Wir haben den Koran.«
Ich: »Der Koran ist in arabischer Sprache geschrieben, und ich kann kein Arabisch.«
Sie: »Es gibt auch Auslegungen in Kurdisch.«
Ich: »Sie sind mir zu teuer.«
Sie: »Aber du darfst dieses Buch nicht lesen.«
Ich: »Es steht schon im Koran geschrieben: ›Lies im Namen Gottes.‹ Und in diesem Buch ist auch der Name Gottes. Gott hat das Lesen nicht verboten.«
Sie: »Es hat keinen Sinn, mit dir darüber zu diskutieren.«
Dann gingen sie weg.

Als ich zu Hause begann, in diesem Buch zu lesen, musste ich fast weinen. Ich dachte: Wenn jemand nur ein wenig Empfindung und Aufrichtigkeit besitzt, kann er den Unterschied zwischen Mohammed und Jesus erkennen. Jesus hatte weder eine Frau noch Haus oder Besitz. Mohammed hingegen hatte Frauen, verfügte als Kaufmann über Besitz und befehligte als Kriegsherr sogar Überfälle auf Handelskarawanen.

Damit wurde mir ein wichtiger Punkt deutlich: So wie wir ein falsches Bild des Propheten Mohammed haben, besitzen wir ein falsches Bild von Gott. Denn ein wahrer Gott schickt nicht einen solchen Propheten auf die Erde.

Da wurde mir klar, dass uns ein beschönigtes Bild über Mohammed vermittelt wurde. Wie kann ein wahrer Gott solch einen Propheten zu uns Menschen senden?

Ich gab meine Suche nicht auf, bis ich endlich diese Buchhandlung fand, die Bibeln verkaufte. Man begegnete mir dort mit viel Respekt, und ich erwarb eine Ausgabe der Bibel. Dazu erhielt ich ein kleines Buch mit dem Titel: »Wer ist der Retter?« Dieses kleine Buch wurde mir sehr wichtig. Fast ein Jahr lang besuchte ich immer wieder diese Buchhandlung.

Eines Tages stellten mich die Mitarbeiter ihrem Leiter vor. Der fragte mich, ob ich gläubig sei. Die Mitarbeiter sagten: »Er ist noch nicht gläubig, aber er kommt seit Langem hierher, und er mag Jesus.« Daraufhin fragte er mich, ob ich an Jesus glauben möchte. Ich antwortete: ›Ja.‹ Er lud mich ein: »Lass uns zusammen spazieren gehen.« Am 12. 2. 2001 mittags nahm ich Jesus als meinen Herrn und Heiland an.

Wir spazierten weiter bis zu meinem Zuhause. Meine Frau brachte uns Essen, und der Bruder sagte: »Ich faste zwar gerade, aber eine Kleinigkeit esse ich mit euch.«

Nachdem er gegangen war, fragte meine Frau: »Wer war dieser Mann?« Ich erwiderte: »Er ist ein Christ.« Daraufhin sagte meine Frau: »Fasten die Christen auch?« Ich antwortete: »Ja, und heute habe ich mein Leben Jesus übergeben.« Erstaunt fragte sie: »Was? Bist du nun doch Christ geworden?!«

Vier Monate später ließen wir uns zusammen mit 13 neuen Gläubigen taufen.

Alle Menschen sind durch den Sündenfall schuldig geworden. Deswegen brauchen wir das Blut Jesu, um uns von dieser Sünde reinwaschen zu lassen. Wer die Bibel liest, wird Antwort auf die Fragen bekommen, die sein Herz bewegen.

Die Bibel veränderte mein Leben

Ich bin in einer muslimischen Familie aufgewachsen und bin jetzt 29 Jahre alt. Wie alle anderen Muslime haben auch meine Eltern mich den islamischen Glauben gelehrt. Aber ich spürte, dass dieser Gott in meinem Leben nicht lebendig war. Ich hatte viele Probleme, und doch kam ich Gott nicht näher. Ich empfand immer eine Leere in meinem Leben und war unglücklich bis zu dem Tag, an dem ich durch einen Gläubigen eine Bibel bekam. Als ich die Bibel las, spürte ich Ehrfurcht vor der Macht des Wortes Gottes. Diese Ehrfurcht hatte nichts zu tun mit der Angst vor dem Tod und dem folgenden Gericht, die alle Muslime haben.

Beim Lesen der Bibel erkannte ich, wie sehr Gott die Menschen liebt. Ich erkannte, dass er uns aus Liebe erschaffen hat und aus Liebe sogar Jesus Christus, seinen eigenen Sohn, in die Welt gesandt hat, damit dieser für meine und deine Sünden stirbt.

In mir stiegen Zweifel auf an dem, was die Leute sagen, wenn sie behaupten, die Bibel sei nicht Gottes Wort, sondern gefälscht. Ich entdeckte im Lukasevangelium den Vers in Kapitel 21,33: »Der Himmel und die Erde werden vergehen, meine Worte aber werden *nicht* vergehen.« Dieser Vers beeindruckte mich sehr. Ich las immer weiter und merkte, dass ich bisher Jesus noch nicht erkannt hatte. Erst durch Gottes Wort wurde mir vieles klar, und ich wurde

Stück für Stück verändert. Schrittweise kam ich der Wahrheit näher.

Ich beobachtete einen Menschen, der durch den Glauben verändert wurde, und fragte ihn, wie das möglich sei. Er antwortete mir: »Jesus Christus hat mich verändert. Wenn du willst, kann er auch dich verändern.« Daraufhin übergab ich aufrichtig mein Leben Jesus Christus, und er kam in mein Leben.

Obwohl ich begonnen hatte, an Jesus zu glauben, fürchtete ich mich noch bei dem Gedanken, einmal vor Gott stehen zu müssen, weil ich von Kindheit an anders gelehrt worden war. Deswegen bat ich Gott drei Nächte hintereinander: »Wenn Jesus wirklich die Wahrheit ist, zeige es mir.«

In jener Nacht träumte ich, dass ich in meinem Zimmer stand, in dem auch zwei Tote in Särgen lagen. Ich hatte ein Kreuz in meiner Hand, und neben mir befand sich eine Tür. Diese Tür öffnete sich, und ich fragte: »Wo ist Jesus?«

Durch die hinter der Tür herrschende Dunkelheit hindurch sah ich ein blendend helles Licht auf mich zukommen. Ich hielt mein Kreuz schützend hoch, um besser sehen zu können. Dann erblickte ich Jesus. Er trug ein weißes Gewand, und seine Gestalt strahlte Macht aus. Er kam, setzte sich auf einen Stuhl und sah mich an.

Dann redete er mit einem der Toten, und dieser antwortete ihm. Danach redete er mit dem anderen Toten, und auch dieser antwortete ihm. Danach sah er mich an, ging durch die Tür hinaus und stieg wieder zum Himmel empor.

Als ich am Morgen erwachte, war mir alles klar, und ich versprach Jesus, dass ich ihm nachfolgen würde. Seitdem nutze ich jede Gelegenheit, mit anderen Menschen über diesen Traum zu reden. Jesus hat mein Leben verändert.

Ich wünsche mir, dass jeder, der dieses Zeugnis liest, ebenso anfängt, Jesus zu suchen und die Heilige Schrift zu lesen. Denn er selbst sagt: »*Ich bin der Weg und die Wahrheit und das Leben. Niemand kommt zum Vater als nur durch mich*« (Johannes 14,6).

Seit jenem Tag gehe ich diesen Weg, und Jesus hat mein Leben total verändert. Ich bin deswegen häufig angefeindet worden, aber ich bin Gott so dankbar dafür, dass er uns seine Wahrheit zeigt.

Er möge seinen Segen auch über euch ausschütten!

Verloren, um zu gewinnen

Ich wurde 1974 in der kurdischen Stadt Hawler[13] geboren und stamme aus einer muslimischen Familie, in der ich entsprechend erzogen wurde. Meine Eltern und Geschwister sind überzeugte Muslime.

Als ich sechs Jahre alt war, lehrte mich meine Mutter, wie man betet. Ich besuchte die Moschee, nahm jeden Freitag am gemeinsamen rituellen Gebet teil und hörte die Freitagspredigt. Regelmäßig las ich im Koran, betete und fastete, ohne wirklich zu wissen, warum ich das alles tun sollte. Auch hatte es mir nicht geholfen, Gott näher zu kommen und ihn wirklich kennenzulernen.

Ich wusste nur, dass ich als Muslim all diese Aufgaben und Pflichten zu erfüllen hatte. Und genau damit fühlte ich mich überfordert; ich war kraftlos und blieb ohne Hoffnung. Wie ein Sklave versuchte ich, die religiösen Pflichten mit größtmöglicher Ehrfurcht und Reinheit zu erfüllen. Aber trotz all meiner eigenen Bemühungen erfuhr ich keine Freude oder keinen Zuspruch von Gott. Nie hatte ich das Gefühl, dass Gott mich liebt. Im Gegenteil, es schien mir, als ob Gott so weit von mir entfernt sei, dass all meine Werke und Taten ihm wertlos waren, ihn gar nicht berührten. Ich hatte auch nie das Gefühl, dass Gott mir eine Ant-

---

[13] (Erbil) Stadt im kurdischen Teil des Irak

wort gäbe, erst recht keine freundliche. Es schien mir eher so, als wenn Gott und ich uns zunehmend voneinander entfernten.

Die Folge davon war, dass ich mich immer mehr mit den Dingen dieser Welt beschäftigte – mit Dingen, die von Gottes Willen weit entfernt sind.

Mit 20 Jahren war ich nur noch in meinem Ausweis ein Muslim. In Wirklichkeit drehte sich mein ganzes Planen und Überlegen um das irdische Leben und die Erfüllung meiner Begierden und Wünsche. Und obwohl mir wenig verwehrt blieb und ich viel Geld hatte, empfand ich keine Freude. Es fehlte einfach etwas, sogar etwas sehr Wesentliches.

Der Krieg kam über mein Heimatland, und auch deshalb versuchte ich, 1994 ins Ausland zu kommen – in ein Land, in dem Frieden herrscht. Doch meine Flucht scheiterte, und so kehrte ich nach Kurdistan zurück.

1998 verließ ich erneut meine Heimat. Diesmal war ich erfolgreicher und gelangte in die Türkei, wo ich einige Tage blieb und schließlich mit drei Freunden in Richtung Griechenland marschierte. Ich hatte noch die Worte meines Schleusers im Ohr: »Dieser Weg, den du da wählst, ist ein schwerer und gefährlicher Weg, ein Weg zwischen Leben und Tod.«

Mein erster Fluchtversuch 1994 hatte mir eine Verletzung eingebracht, aufgrund derer ich kaum laufen konnte; trotzdem wählte ich den Weg zu Fuß über die Grenze nach Griechenland.

Aber diese Entscheidung lag in Gottes Willen. Er schenkte mir die Kraft dazu und ermöglichte es, dass ich Griechenland erreichte und weiterreisen konnte. Damals jedoch ahnte ich noch nicht, dass der Herr mich den ganzen Weg über begleitete und über mir wachte.

Seit meiner frühen Jugend kannte ich nur einen Glauben, der mir keine Hoffnung, keine Zukunft und keine wahre Freude vermittelt. Auch Arbeit und Geld können den Menschen nicht erfüllen. Sie geben nur eine vorübergehende Freude, die irgendwann vergeht und die Seele trüb und leer zurücklässt. Gott ließ es in seinem Plan zu, dass ich durch viel Leid gehen musste, doch er hielt alles in seinen Händen.

Ich danke dem Herrn Jesus, unserem Gott, dass er mich nach einem solchen Leben, wie ich es geführt habe, auserwählte und mir seine Kraft gab. Und dies sogar, obwohl ich früher gegen ihn war und ihn beschimpfte. Dennoch erbarmte er sich über mich, weil ich in Unwissenheit diese Taten beging. Ja, trotzdem goss er seinen Segen über mir aus, und dieser Segen ist der Glaube an Jesus Christus als meinen Herrn und Heiland.

»Das Wort ist gewiss und aller Annahme wert, dass Christus Jesus in die Welt gekommen ist, um

Sünder zu erretten, von denen *ich* der erste bin« (1. Timotheus 1,15). Gott allein gebührt Lob und Ehre von Ewigkeit zu Ewigkeit.

Überwältigende Erkenntnis – Vater und Sohn sind eins

Ich liebte Gott und versuchte, viel über Religionen zu lesen, damit ich mich besser auskenne in dem Bemühen, das Gute in meinem täglichen Leben zu praktizieren und ein gottgefälliges Leben zu führen.

Eines der Bücher, das ich las, war die Bibel. Mehr und mehr strahlten ihre Worte wie ein Licht in mein Leben. Sie öffneten mein Herz, erleuchteten meinen Weg und bewirkten eine Veränderung in meinem Leben.

Je häufiger ich die Bibel las, desto vertrauter wurde sie mir, und meine Liebe zu Gott sowie zu seinen Dienern nahm zu. Ich erkannte Gottes Liebe auch durch das Wunder, dass meine Familie mich nicht daran hinderte, in der Bibel zu lesen. Sie haben mich sogar dazu ermutigt.

Dennoch habe ich aus persönlichen Gründen mein Land verlassen müssen und bin nach Europa gekommen. Dort lernte ich eine Gruppe gläubiger Christen kennen, die uns Flüchtlinge mit großer Herzlichkeit aufnahmen und die Liebe Christi praktizierten. Das ermutigte mich noch mehr, auf Gottes Wegen zu gehen und mit diesen Glaubensgeschwistern die Gemeinden zu besuchen. Dadurch wurde ich noch mehr veranlasst, an Jesus zu glauben und seine Gebote zu befolgen.

Ich hoffe, dass viele aus meinem Volk diesen wahren Weg finden und Jesus als Führer für ihr Leben annehmen, denn er sagt von sich:

»*Ich* bin das Licht der Welt; wer mir nachfolgt, wird *nicht* in der Finsternis wandeln, sondern wird das Licht des Lebens haben« (Johannes 8,12).

Und die Bibel bezeugt uns: »Es ist in keinem anderen das Heil, denn es ist auch kein anderer Name[14] unter dem Himmel, der unter den Menschen gegeben ist, in dem wir errettet werden müssen« (Apostelgeschichte 4,12).

---

14 d. h. kein anderer Name als der Name *Jesus*

Vom Verlierer zum Gewinner

Ich wurde in einer muslimischen Familie in Suleimania geboren und bin 40 Jahre alt. Meine Kindheit als Einzelkind verlief sehr einsam. Erst mit 17 Jahren lernte ich meine Mutter kennen, denn ich wuchs bei meinen Großeltern auf und nannte diese »Papa« und »Mama«.

1987 heiratete ich; wir bekamen aber keine Kinder, weswegen wir oft zum Arzt gingen. Als wir nach sechs Jahren Ehe keine Möglichkeit mehr sahen, Kinder zu bekommen, bat mich meine Frau, nochmals zu heiraten, damit mein Kinderwunsch erfüllt würde. Sie sagte: »Seit sechs Jahren opferst du dein Leben für mich; du bist in der Lage, Kinder zu zeugen, und du hast genügend Geld. Heirate eine zweite Frau, dann leben wir alle zusammen.«

Immer wieder lehnte ich ab, aber immer wieder bedrängte sie mich. Ich habe dann schließlich eine andere junge Frau gefunden, mit ihr gesprochen und ihr meine Situation erklärt. Sie akzeptierte es, mit meiner ersten Frau zusammenleben zu müssen. Erst später stellte ich fest, dass sie mich nur wegen meines Geldes geheiratet hatte.

Als nach einiger Zeit meine zweite Frau schwanger wurde, begannen die Probleme, über die wir aber nicht miteinander reden konnten. Schließlich verschwand sie, und ich fand sie bei ihrer Schwester wieder. Ich stellte sie zur Rede, und sie entgegnete: »Entweder ich oder die andere Frau, wähle eine von uns beiden.« – »Was du forderst, ist unmöglich; du hast von Anfang an um die Situation gewusst und zugestimmt.«

Daraufhin erklärte ich meiner ersten Frau, was vorgefallen war. Sie sagte: »Lass mich gehen; ich bekomme keine Kinder, sie dagegen ist schwanger und wird ein Kind bekommen. Ob du mit ihr zusammenbleibst oder nicht, lass das Kind nicht ohne Vater zur Welt kommen, so wie du es selbst erlebt hast. Ich opfere mein Leben für dich, so wie du das deine sechs Jahre lang für mich geopfert hast und mir treu geblieben bist. Komm, lass uns zum Scheidungsrichter gehen!«

Ich wollte mich nicht von ihr trennen, aber meine Einwände blieben ohne Wirkung. Vor Gericht sagte der Richter zu mir: «Mein Sohn, du hast diese Frau für viel Geld geheiratet, das du zurückzahlen musst, wenn du dich scheiden lässt.« Der Betrag war wirklich sehr hoch und hätte einen Großteil meines Vermögens ausgemacht.

Meine Frau wandte jedoch ein: »Geehrter Richter, wir sind beide mit der Scheidung einverstanden, ich verzichte auf den Betrag, der mir zusteht.«

Bald darauf erkrankte meine erste Frau sehr schwer, sodass Tränen und Sorgen meine ständigen Begleiter wurden.

Nachdem meine zweite Frau das Kind bekommen hatte, war ich mit ihr wieder einige Zeit zusammen. Durch meine Tätigkeit als Händler bedingt, war ich dann für ein paar Wochen außer Haus und fand bei meiner Rückkehr das Haus leer geräumt vor, es standen praktisch nur noch die Wände. Das hat mich tief erschüttert.

Früher war ich es, der bedürftige Menschen zu sich ins Haus holte, um ihnen zu helfen; jetzt war ich selbst auf die Hilfe meiner Nachbarn angewiesen, weil ich nichts mehr hatte.

Mein Haus, meine Frau, mein Kind – alles war verloren. Selbst meine Bekannten wollten nichts mehr mit mir zu tun haben. Diese Situation hatte mich total zugrunde gerichtet, und ich begann, Alkohol zu trinken und schließlich meine Zuflucht zu Drogen zu nehmen. Gern hätte ich all das Unrecht vergessen, das mir widerfahren war, und ich wusste auch, dass diese Drogen mich eher zugrunde richten als mir helfen würden. Trotzdem hielt ich längere Zeit an diesen Betäubungsmitteln fest, und sie wurden meine »Freunde«. Es war der Teufel selbst, der mich auf diesem Weg fest an sich kettete. Wie ein Kind mit seinem Spielzeug spielt, so spielte er mit meinem Leben. Wenn ich mich selbst betrachtete, stellte ich fest, dass ich einsam und vom Scheitel bis zur Sohle in Sünde und Abhängigkeit war.

Durch einen guten Freund hörte ich zum ersten Mal von der Frohen Botschaft. Er schenkte mir ein

Neues Testament und sagte: »Frag mich, wenn dir etwas unklar ist.« Beim Lesen merkte ich gleich, dass Gottes Wort wahr und nicht verfälscht ist, wie die Leute behaupten. Ich konnte schließlich seiner Kraft nicht widerstehen. Tag und Nacht las ich in den Evangelien, und Gottes Geist drang durch sein Wort in meine Seele. Gott schickte mir diesen guten Freund als Wegweiser, und es freute mich, dass er meine vielen Fragen beantworten konnte.

Bis zu diesem Zeitpunkt hatte ich noch nichts von der großen Liebe Jesu Christi gewusst und konnte sie auch nicht begreifen. Ich bat ihn mehrmals, mich von diesen Drogen zu befreien. Es war meine feste Absicht, diesen Gott, den ich um meine Befreiung bat, auch persönlich kennenzulernen. Dann habe ich ihn von ganzem Herzen darum gebeten, mir ein neues Leben zu schenken.

Ich danke ihm, dass er mein Elend ansah, mir sein Erbarmen schenkte, mir seine Gnade erwies und mich von der Macht des Teufels, von Drogen und Alkohol (und dem alten Leben) befreite.

Das neue Leben war für mich ein Anlass zu großer Freude. Mein altes Leben hatte ich schnell vergessen. Ich bat Gott, auch meine Schande in der Gesellschaft wegzunehmen. Die Wahrheiten, die ich in den Evangelien fand und die mich so veränderten, waren der Grund dafür, dass ich erneut einen wertvollen Platz in der Gesellschaft fand.

Heute arbeite ich als Goldschmied mit einem Freund zusammen. Er hat mich ausgesucht, weil er weiß, dass ich nicht mehr der Gleiche wie früher bin, sondern total verändert wurde. Diese Veränderung hat ihren Ursprung in den Evangelien. Dort werden wir dazu aufgerufen, ehrlich und rein zu sein.

Ich danke Gott für die Veränderung. Ich bin zwar noch derselbe Mensch, jedoch nicht mehr ein solcher, der ein unreines Leben in den Beziehungen zu anderen Menschen führt.

Das verwundert sie, und sie fragen mich oft: »Wie bist du so anders geworden?« Ich antworte darauf: »Das sind die Wunderwerke Gottes, die er an mir im Namen Jesu Christi getan hat.«

Diejenigen, die mich von früher her kannten, staunten nun und konnten meine Veränderung nicht fassen. Menschen, die mich vorher verachteten und ihre Türen vor mir verschlossen hielten, umarmen mich heute und nehmen mich auf. Diese Türen hat Gott für mich geöffnet. Presse und Polizei haben mich im Blick darauf interviewt, wie ich von den Drogen frei werden konnte. Wahrheitsgetreu habe ich ihnen gesagt dass Gott und sein Wort mich verändert haben.

Menschen, die mich früher anfeindeten und verachteten, lese ich aus der Bibel vor. Gern verschenke ich einen Kalender mit dem Titel »Was wird es einem Menschen nützen, wenn er die ganze

Welt gewinnt, aber seine Seele einbüßt?« (Matthäus 16,26).

Manche hängen den Kalender in ihrem Geschäft auf, andere weigern sich jedoch. Es gibt aber auch viele, die sich meine Bibel leihen, um sie zu lesen. Darüber freue ich mich. Ich beantworte gern ihre Fragen und bete für sie, damit sie den Weg der Wahrheit finden und an Jesus Christus glauben.

Früher sann ich darauf, mich an der Person zu rächen, die mich und mein Leben so zugrunde gerichtet und es nur auf mein Geld abgesehen hatte. Heute sehe ich die Sache mit anderen Augen und suche keine Rache mehr. Die Liebe Christi hat mich gelehrt, was Vergebung bedeutet. Heute bete ich darum, dass ich meine Feinde lieben kann. Damals war ich verloren, heute bin ich ein Gewinner, weil Gott selbst mein Hirte ist. Ich habe zwar nicht viel, aber Mangel kenne ich nicht. Gott sorgt ständig für mich, sodass mir nichts fehlt, genau wie es in Matthäus 6,26 geschrieben steht:

»Seht hin auf die Vögel des Himmels, dass sie nicht säen noch ernten, noch in Scheunen sammeln, und euer himmlischer Vater ernährt sie doch. Seid *ihr* nicht viel vorzüglicher als sie?« (Matthäus 6,26).

Ich bin der lebende Beweis dafür, dass Gott Wunder tun kann und diejenigen aus der Finsternis zum Licht führt, die es wirklich wollen. Ihm ist nichts unmöglich.

Wer zeigt mir den richtigen Weg?

Ich bin Kurde und wurde im Nordirak geboren. Als Kind besuchte ich regelmäßig die Moschee und ging schon morgens um 5 Uhr dorthin, um zu beten, im Koran zu lesen und den Mullahs zuzuhören.

Ein Onkel, der Atheist war, sprach oft mit mir über seine Gedanken und beeinflusste mich, sodass ich meinen Glauben an Gott schließlich aufgab. Leider habe ich selbst dann in meiner Unwissenheit und Sünde auch nicht gut über Gott gesprochen.

Am 25. 12. 1996 lief im Fernsehen ein Film über das Leben Jesu. Dort wurden Jesu Worte zitiert, wie er über Sünde und Umkehr sprach und wie er die Menschen einlud: »Wer an mich glaubt, der folge mir nach.«

Nach dem Film dachte ich lange über die Worte Jesu nach. Ich entschloss mich, eine Bibel zu kaufen, die der Buchhändler mir sogar schenkte. Zu Hause ging ich in mein Zimmer und las lange Zeit darin. Fragen tauchten auf: Wer wurde wirklich von Gott gesandt, und wer bringt uns tatsächlich zu Gott?

Eines Nachts, als ich auf dem Weg nach Hause war, schaute ich zum Himmel auf und sprach mit lauter Stimme: »Herr, der du den Himmel und die Erde erschaffen hast, der du mich und die ganze Welt erschaffen hast, sage mir bitte, was der wahre Weg ist, den ich in meinem Leben gehen soll. Wer kann mir deinen Weg zeigen?«

Einige Tage später sprach ich darüber mit einem Schulkameraden, der Muslim war. Er verwies mich an einen anderen Schüler und sagte: »Dort gibt es auch so einen Gläubigen wie dich; der ist Christ geworden.« Ich sprach diesen an, und er erzählte mir von anderen Glaubensgeschwistern, die sich sonntags versammelten, um in der Bibel zu lesen, zu beten und Gottes Wort zu hören.

Am nächsten Sonntag ging ich auch dorthin. Der Hausgemeindeleiter erklärte mir, wie Jesus gelitten hat und für unsere Sünden gekreuzigt wurde – auch für meine Sünden.

Zwei Tage später übergab ich mein Leben Jesus, dem Retter der ganzen Welt.

Jetzt bin ich sehr, sehr glücklich, dass ich an Jesus Christus glaube. Er ist nun alles für mich geworden: mehr als ein Ersatz für die irdische Familie!

Im Johannesevangelium ruft uns Jesus Christus zu: »Wen da dürstet, der komme zu mir und trinke! Wer an mich glaubt, wie die Schrift sagt, von dessen Leib werden Ströme lebendigen Wassers fließen« (Johannes 7,37-38; Luther 1984).

Und in Johannes 4,14 spricht er: »…wer irgend aber von dem Wasser trinkt, das *ich* ihm geben werde, den wird *nicht* dürsten in Ewigkeit; sondern das Wasser, das ich ihm geben werde, wird in ihm eine Quelle Wassers werden, das ins ewige Leben quillt.«

Ein kaltes Herz wird brennend

Mit der Hilfe des Heiligen Geistes und der Kraft des Herrn Jesus Christus möchte ich einige Zeilen über mein Leben und meinen Glauben an ihn schreiben in der Hoffnung, dass mein Zeugnis ein Anstoß dazu wird, die Augen all derer zu öffnen, die noch nach der Wahrheit suchen.

Ich wurde 1965 in der Stadt Suleimania geboren und wuchs in einer muslimischen Familie auf, die in der Ausübung ihrer Religion treu war. Schon mit fünf Jahren ging ich zur Schule. Von meinem 6. bis zum 14. Lebensjahr musste ich täglich für zwei Stunden die Koranschule besuchen. Bereits in dieser Zeit habe ich viele Fragen gehabt und sie meinem Koranlehrer gestellt.

Meine Fragen waren z. B.: »Was ist die Seele? Was erwartet uns nach dem Tod? Warum gibt es ungleiche Rechte zwischen Frau und Mann? Was kann ein Mensch dazu beitragen, dass Gott ihm vergibt und ins Paradies kommen lässt?«

Doch statt mir eine Antwort darauf zu geben, stand er auf und schlug mich mit einem Stock. Dann berichtete er das meinem Vater, der mich daraufhin nochmals züchtigte und sagte: »Man stellt keine Fragen über den Koran. Du musst nur zuhören und lernen!«

Mit 15 Jahren begann ich eine Lehrausbildung. Ein Kamerad lud mich zur Veranstaltung einer kommunistischen Partei ein, und ich wurde dort Mitglied in der Hoffnung, die Antworten auf meine Fragen vielleicht im Kommunismus zu finden.

Mit 18 Jahren beendete ich meine Ausbildung. Statt dann zum Militärdienst zu gehen, zog ich es jedoch vor, kurdischer Freiheitskämpfer zu werden. Etwa 13 Jahre lang kämpfte ich bis aufs Blut für die Freiheit meines Volkes in den Bergen Nordost-Iraks an der Grenze zum Iran. Dabei wurde ich viermal verwundet und geriet oft in Lebensgefahr. In meiner Kompanie überlebten von 700 Kämpfern nur 14 Männer.

Bereits mit 17 Jahren habe ich damit begonnen, Alkohol zu trinken. Diese Gewohnheit verschlimmerte sich derart, dass ich bereits morgens direkt nach dem Aufstehen bis hin zum späten Abend Alkohol zu mir nahm.

Ich war ein draufgängerischer Offizier und kannte weder Liebe noch Erbarmen. Das Schicksal meiner sterbenden Kameraden in unmittelbarer Nähe ließ mich hart und kalt werden und bewirkte zudem, dass mein zorniger Charakter ständig zum Vorschein kam und ich keinerlei Liebe oder Erbarmen für irgendjemanden empfand, selbst nicht gegenüber Vater, Mutter oder den Geschwistern. Das Töten war für mich etwas völlig Normales, etwa so, als würde ich Wasser trinken.

Doch meine offenen Fragen über ein Leben nach dem Tod begleiteten mich auch in dieser Zeit. Ich hatte keine Antwort.

Im Jahre 1996 wurden in meiner Stadt die Konflikte zwischen den beiden großen kurdischen Parteien auf militärischer Ebene ausgetragen. Das wiederum bewirkte eine regelrechte Massenflucht in die Berge der Grenzregion zum Iran. Dort kam ich ins Nachdenken und fragte mich: Wie lange noch soll ich so ruhelos weiterleben, wie lange keine klare Zukunft haben? Ich fasste den Entschluss, nach Europa zu fliehen, ohne genau zu wissen, in welches Land. Schließlich kam ich in die Schweiz.

Nach einigen Wochen lud mich ein Schweizer Freund in eine christliche Gemeinde ein. An einem Sonntag ging ich mit ihm dorthin, mein erster Besuch bei Christen. Vieles zog meine Aufmerksamkeit auf sich: ihre Lieder und ihre Anbetung.

Und obwohl ich sprachlich kaum etwas davon verstanden hatte, fühlte ich mich in meinem Herzen erleichtert und spürte eine innere Ruhe in mir.

Jemand schenkte mir dann eine arabische Bibel. Als ich am Abend die Bibel öffnete, war es ausgerechnet der Psalm 23, den ich aufschlug, und bereits der erste Vers, den ich las, redete zu mir: »Der HERR ist mein Hirte, mir wird nichts mangeln.« Dieses Wort berührte mich und gab mir eine tiefe Ruhe, die ich mein Leben lang nicht gekannt hatte. Ich merkte:

Hier bekomme ich Antwort auf meine Fragen und meine Suche nach Lebenssinn.

Von da an habe ich mich entschieden, täglich in der Bibel zu lesen und jeden Sonntag mit Gläubigen zusammenzukommen, um die tieferen Zusammenhänge des Evangeliums und des christlichen Glaubens zu verstehen.

So vergingen einige Monate. Ich spürte, wie in mir eine große Veränderung vor sich ging. Mein steinernes und gefühlskaltes Herz wurde zum ersten Mal empfindsam und lebendig. Die Freude und die Barmherzigkeit zogen ein, während das Verlangen zum Trinken verschwand.

Auch die Antworten auf die Fragen, die mich ein Leben lang begleitet hatten, wurden mir durch die Bibel gegeben. Deshalb entschied ich mich, Jesus Christus als Retter und Führer meines Lebens zu wählen.

Nachdem ich über zwei Jahre lang die Bibel gelesen und verstanden habe, ließ ich mich im Jahre 2000 taufen. Danach hat mein Leben eine 200-prozentige Veränderung erfahren.

Ich danke dem Herrn, dass er mich von Gebundenheiten und Sünden frei gemacht hat, mich heil werden ließ und mir ein neues Leben schenkte!

Das Siedlungsgebiet der Kurden

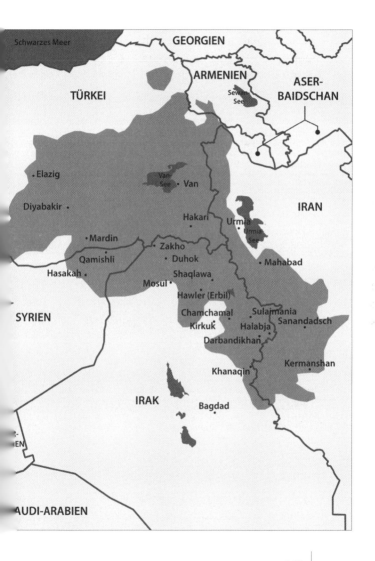

Werner Gitt

Fragen, die immer wieder gestellt …

192 Seiten, Taschenbuch
ISBN 978-3-89397-127-5

Prof. Dr. W. Gitt gibt Antworten, die aus der Evangelisationspraxis, aus Gesprächen mit fragenden Menschen und aus dem Studium der Schrift erwachsen sind. Die Fragen sind nicht »am grünen Tisch« entworfen, sondern wurden wirklich gestellt. Von daher handelt es sich nicht um theologische Spitzfindigkeiten, sondern um Probleme, die Zweifler, Fragende und Suchende wirklich bewegen. Der Autor behandelt dabei folgende Themen: Gott – Bibel – Schöpfung, Wissenschaft und Glaube – das Heil – die Religionen – Leben und Glauben – Tod und Ewigkeit.

Werner Gitt
Und die anderen Religionen?

176 Seiten, Taschenbuch
ISBN 978-3-89397-146-6

In einer Zeit, in der man sich vom »Dialog zwischen den Religionen« und von »Toleranz und Verständigung« viel für die Zukunft unseres Planeten verspricht, bietet dieses Buch eine wertvolle Orientierung. Es geht um die Frage: »Es gibt so viele Religionen. Sind alle falsch, gibt es eine richtige, oder führen letztlich doch alle zum Ziel?« Der Autor zeigt anhand des Themas »Erfindungen«, dass letztlich auch alle Religionen menschliche Erfindungen sind und nicht zu Gott und ewigem Leben führen können. Der Unterschied zwischen Religiosität und lebendigem Glauben, zwischen Religion und Evangelium, wird hier sehr deutlich herausgestellt.

Wolfgang Bühne (Hrsg.)
Die Ruhe der Rastlosen

128 Seiten, Taschenbuch
ISBN 978-3-89397-780-2

Dieses Zeugnisbuch ist eine Zusammenstellung aus den beiden vergriffenen Büchern »Die Fessel der Freien« und »Ruhe der Rastlosen«. Rastlos, umhergetrieben von der Frage nach dem Sinn des Lebens und enttäuscht von den Lebensphilosophien unserer Zeit, erleben vier »Aussteiger« den errettenden Einstieg: Kurt brennt als Junge zu Hause durch und landet in der Fremdenlegion; Willy – ungeliebt und abgeschoben – versucht seine Probleme im Alkohol zu ertränken; Alois sucht als Hippie in Mexiko das Ende des Regenbogens, und Alfred betäubt sein Leben mit Drogen und wird Stammkunde in Apotheken und Kneipen. Sie alle finden Ruhe und Frieden bei dem, der sie allen »Mühseligen und Beladenen« anbietet.

Wolfgang Bühne (Hrsg.)
Frei und doch gefesselt

144 Seiten, Taschenbuch
ISBN 978-3-86699-417-1

WOZU lebe ich? WOHER komme ich und WOHIN gehe ich? Bin ich hineingeworfen in das Leben – zum Dasein verflucht? Fünf Lebensschicksale geben eine Antwort. Unter anderem:

BENEDIKT reiste nach Indien, mietete am Fuß des Himalaja ein Haus und schien, mit reichlich Geld und Drogen versorgt, zunächst am Ziel seiner Träume zu sein.

ALI war islamischer Priester und Stolz seiner kurdischen Familie, bis er seine Zweifel an der Glaubwürdigkeit des Koran nicht länger verbergen konnte, nach Deutschland ausreiste und infolge eines stümperhaften Raubüberfalls im Knast einige Jahre Zeit zum Nachdenken hatte.

Wenn Gott frei macht

128 Seiten, Taschenbuch
ISBN 978-3-89397-425-2

Sechs Menschen erzählen von den erstaunlichen Auswirkungen ihrer Begegnung mit Jesus. Eckhard, Unternehmer, wollte sein Leben durch Para-Wissenschaften und New-Age-Philosophien in den Griff bekommen. Annemarie, Hausfrau, hatte nicht vorgehabt, sechs Männern den Haushalt zu führen, und fand, dass sie später einiges nachzuholen habe. Esther, Physiotherapeutin, zweifelte, ob Gott es gut mit ihr meinen konnte, obwohl er viel Leid zuließ. Karl, Kraftfahrer, kletterte die Karriereleiter ziemlich weit hinunter, bis Gott eingriff. Eva, nicht berufstätig, wird täglich auf Händen getragen, aber Hias, Lehrer, suchte die Freiheit auf den Bergen, doch seit er Jesus begegnet ist, definiert er Freiheit neu.

Josh McDowell/
Cristóbal Krusen
Ein Skeptiker kapituliert

64 Seiten, Taschenbuch
ISBN 978-3-86699-146-0

Seine Kindheit ist ein einziger Albtraum: Stress, Streit und Gewalt zwischen den Eltern – der Vater ein brutaler Alkoholiker, die Mutter krank und den Attacken des Vaters ausgeliefert, Verachtung und Misstrauen bei den Nachbarn. Und als wäre das noch nicht genug, wird er von einem Mitarbeiter der Eltern immer wieder sexuell missbraucht.

Josh McDowell kann dem Grauen nicht entfliehen, bis er alt genug ist, sein Leben selbst in die Hand zu nehmen. Dabei entwickelt er sich zu einem Intellektuellen und zu einem zynischen Skeptiker, was das Christentum und einen liebenden Gott betrifft. Es scheint leicht zu sein, die Gegenseite von ihrem Irrtum zu überzeugen. Doch dann findet er seinen Meister …

Wolfgang Bühne

Das Glück der Verlorenen

112 Seiten, Taschenbuch
ISBN 978-3-86699-131-6

Scheinbar hoffnungslose und desillusionierte Menschen erfahren an den Kreuzwegen ihres Lebens Begegnungen, die ihr Leben für immer verändern …
Unter anderem:

Hans Günter: Sein G3-Sturmgewehr ist schon geladen, um den Arzt zu erschießen, durch dessen vermeintlich falsche Behandlung seine junge Frau auf dem Sterbebett liegt. Doch zwei Stunden, bevor er den geplanten Mord ausführen will, durchkreuzt ein nerviger Vertreter seine finsteren Rachepläne.

Tim genießt sein Rollenspiel als gutbürgerlicher Posaunenchor-Bläser und abgefahrener Reggae-Kiffer, wird esoterischer Bio-Freak und erlebt schließlich eine »biologisch-dynamische Bauchlandung« …